É TEMPO DE FLORESCER

Agora, pense em você. Se é mãe, imagine ter de oferecer seu filho como sacrifício. Como isso mexeria com o seu coração? Eu mesma, sendo mãe de três filhos, mal consigo imaginar essa possibilidade. Dói só de pensar! Mas Abraão fez isso porque conhecia profundamente o Deus a quem servia. Ele estava confiante na fidelidade do Senhor, e que a vontade dele era superior a qualquer coisa. Abraão foi conduzido pela fé, uma fé firmada em intimidade com o Pai. A verdade é que quanto mais conhecemos a Deus, mais prontas estamos para entregar.

Abraão sabia que não estava entregando seu filho para a morte, mas entregando-o para Deus, que tem o controle de tudo. E foi exatamente por isso que ele não hesitou em obedecê-lo. Ele sabia que sua confiança estava no Deus da promessa, não na promessa em si; a promessa não ocupava o trono de seu coração, o qual pertence só ao Senhor.

Aqui está uma verdade transformadora: **você pode ter tudo aquilo que não tem o seu coração**. Não há problema em ter coisas, sonhos, ou mesmo promessas, a questão é quando essas coisas ocupam o lugar de Deus. Quando algo, ou alguém, assume o trono do qual só Deus é digno, tornamo-nos escravas disso.

Mas, quando nosso coração é totalmente dele, podemos desfrutar das bênçãos sem nos perder. Como filhas de Deus, nascemos para adorá-lo. Acontece que, desde o início dos tempos, vemos como ídolos se levantam para tentar roubar nosso foco e nossa adoração. Isso acontecia desde os tempos mais antigos, em que estátuas de deuses pagãos eram construídas, e continua até hoje em nosso meio, com uma aparência diferente. Sejam conquistas pessoais, bens materiais, relacionamentos ou sonhos, qualquer coisa pode se tornar um ídolo se não soubermos entregar o que quer que seja a Deus.

Eu mesma já passei por várias situações em que tive de aprender a não me apegar. Desde que me casei com o André, já nos mudamos 15 vezes. Parece loucura, mas essa constante mudança me ensinou a não viver apegada às coisas materiais. Não havia tempo para criar raízes em bens ou lugares, pois a cada nova mudança Deus nos conduzia a algo maior. Porém confesso que nossa última mudança foi a mais difícil.

André e eu estávamos morando nos Estados Unidos há quatro anos, plantando uma igreja imigrante em Miami. Foram anos de muitos desafios, em que estive longe da minha família de origem, enfrentando as dificuldades de adaptação em um novo país, com a barreira da língua e com o processo de imigração em andamento. Durante esse tempo, passamos pela pandemia, e eu engravidei duas vezes. Foi um período intenso, e a única certeza que tínhamos era que Deus estava no controle de todas as coisas.

Durante a pandemia, enquanto eu estava grávida do Benício, iniciamos um propósito de 21 dias de jejum e oração com o pessoal da nossa igreja. Como não podíamos nos reunir presencialmente, decidimos fazer lives todas as noites. André transformou um quarto do nosso apartamento em um estúdio, e todas as noites orávamos ao vivo. O que era apenas para nossa comunidade local rapidamente se expandiu, e pessoas de todo o mundo começaram a se conectar conosco.

Testemunhos de cura começaram a surgir. Pessoas foram saradas enquanto André orava ao vivo. Lembro-me de uma mãe que nos enviou uma mensagem dizendo que seu filho, havia nascido sem poder andar, ... chão e começou a ...

Abraão sabia que não estava entregando seu filho para a morte, mas entregando-o para Deus, que tem o controle de tudo. E foi exatamente por isso que ele não hesitou em obedecê-lo. Ele sabia que sua confiança estava no Deus da promessa, não na promessa em si; a promessa não ocupava o trono de seu coração, o qual pertence só ao Senhor.

Aqui está uma verdade transformadora: **você pode ter tudo aquilo que não tem o seu coração**. Não há problema em ter coisas, sonhos, ou mesmo promessas, a questão é quando essas coisas ocupam o lugar de Deus. Quando algo, ou alguém, assume o trono do qual só Deus é digno, tornamo-nos escravas disso.

Mas, quando nosso coração é totalmente dele, podemos desfrutar das bênçãos sem nos perder. Como filhas de Deus, nascemos para adorá-lo. Acontece que, desde o início dos tempos, vemos como ídolos se levantam para tentar roubar nosso foco e nossa adoração. Isso acontecia desde os tempos mais antigos, em que estátuas de deuses pagãos eram construídas, e continua até hoje em nosso meio, com uma aparência diferente. Sejam conquistas pessoais, bens materiais, relacionamentos ou sonhos, qualquer coisa pode se tornar um ídolo se não soubermos entregar o que quer que seja a Deus.

Agora, pense em você. Se é mãe, imagine ter de oferecer seu filho como sacrifício. Como isso mexeria com o seu coração? Eu mesma, sendo mãe de três filhos, mal consigo imaginar essa possibilidade. Dói só de pensar! Mas Abraão fez isso porque conhecia profundamente o Deus a quem servia. Ele estava confiante na fidelidade do Senhor, e que a vontade dele era superior a qualquer coisa. Abraão foi conduzido pela fé, uma fé firmada em intimidade com o Pai. A verdade é que quanto mais conhecemos a Deus, mais prontas estamos para entregar.

Breaking News
É TEMPO DE FLORESCER
É TEMPO DE FLORES

SUNDAY
The Good News
E TEMPO DE
FLORESCER

QUÉZIA CÁDIMO FERNANDES

Vida

Editora Vida
Rua Conde de Sarzedas, 246 — Liberdade
CEP 01512-070 — São Paulo, SP
Tel.: 0 xx 11 2618 7000
atendimento@editoravida.com.br
www.editoravida.com.br
@editora_vida /editoravida

Editora-chefe: Sarah Lucchini
Editora responsável: Mara Eduarda V. Garro
Revisão de provas: Paulo Peres e Jacqueline Mattos
Coordenadora de design gráfico: Claudia Fatel Lino
Projeto gráfico: Marcelo Alves de Souza
Diagramação: Philipe Santos e Marcelo Alves de Souza
Capa: Dnyras

É TEMPO DE FLORESCER

Todas as citações bíblicas e de terceiros foram adaptadas segundo o Acordo Ortográfico da Língua Portuguesa, assinado em 1990, em vigor desde janeiro de 2009.

As opiniões expressas nesta obra refletem o ponto de vista de seus autores e não são necessariamente equivalentes às da Editora Vida ou de sua equipe editorial.

Os nomes das pessoas citadas na obra foram alterados nos casos em que poderia surgir alguma situação embaraçosa.

Todos os grifos são do autor, exceto os indicados.

1. edição: nov. 2024

Dados Internacionais de Catalogação na Publicação (CIP)
(Câmara Brasileira do Livro, SP, Brasil)

Fernandes, Quézia
É tempo de florescer : uma jornada para despertar você em todas as estações / Quézia Fernandes. -- 1. ed. -- São Paulo : Editora Vida, 2024.

ISBN: 978-65-5584-604-1
e-ISBN: 978-65-5584-601-0

1. Cristianismo - Essência, natureza, etc. 2. Crescimento espiritual 3. Esperança - Aspectos religiosos - Cristianismo 4. Fé (Cristianismo) 5. Literatura devocional 6. Promessas - Aspectos religiosos - Cristianismo I. Título.

24-234502 CDD-242

Índice para catálogo sistemático:

1. Literatura devocional : Cristianismo 242
Aline Graziele Benitez - Bibliotecária - CRB-1/3129

Você já questionou o motivo
de passar por diversas dificuldades?
Muitas vezes, enfrentamos tempos
de seca, de frio e escassez ou de
grandes tempestades. Mas Deus
nos ensina, por meio de sua
criação, que há um tempo certo
para cada propósito, portanto, na
vida de cada uma de nós, chegará
a primavera, a hora de colher o
que semeamos em lágrimas na
presença do Senhor. Para isso, você
precisa firmar-se em Cristo e deixar
que ele desenvolva suas raízes.
Este livro vai lhe mostrar que

é tempo de florescer,

a sua hora chegou e você precisa
descobrir essa verdade.

Sumário

Sobre a autora

Quézia Cádimo Fernandes é casada com André Fernandes e mãe de três filhos maravilhosos: Cecília, Benício e Chloe. Ela se tornou uma referência para milhares de mulheres que desejam florescer sendo fortes e posicionadas, ao mesmo tempo em que vivem com alegria, leveza e feminilidade.

Ao lado de seu marido, lidera uma das igrejas que mais crescem no Brasil atualmente, a Lagoinha Alphaville, que toca mais de 25 mil pessoas em encontros presenciais e mais de 20 nações por meio de transmissão on-line todas as semanas. Quezia está à frente de um ministério que reúne milhares de mulheres e enfatiza que todas que escolhem firmar-se em Deus estão prontas para florescer.

Prefácio

É difícil colocar em palavras o quanto Quezinha me inspira todos os dias. Hoje, quando as pessoas olham para o meu ministério, talvez tenham apenas uma vaga ideia da importância dela para tudo o que temos vivido, mas o que posso dizer, com toda a certeza do mundo, é que eu nem estaria aqui sem a Quezinha.

Nunca vou me esquecer do dia, aos 17 anos, em que me encontrei com as duas pessoas mais importantes para mim: Jesus e a filha do pastor que viria a ser a mulher da minha vida, a mãe dos meus filhos e, sem dúvida, a pessoa que mais me aproximou de Cristo em toda a minha história

Nos últimos 16 anos, tenho visto mais de perto do que qualquer pessoa a trajetória linda que ela tem trilhado. Quezinha é referência em autoridade, porém não perde, nem sequer por um segundo, a delicadeza e a graça de quem carrega a mensagem de Jesus.

Cada mulher transformada, cada vida curada e cada família restaurada é uma carta viva daquilo que o Senhor tem feito por meio da vida da Quezinha, e o livro que você tem em mãos é a expressão dos passos que compuseram essa história.

As páginas desta leitura certamente levarão você ao encontro da sua identidade em Deus, que lhe apresentará o papel que ele a chamou para exercer todos os dias da sua vida.

Afinal, não é à toa que Deus concedeu à mulher a capacidade divina de gerar vida, carregá-la e dar à luz. A mulher é portadora de frutos por natureza, assim como Jesus foi chamado de "o Fruto Bendito". Está escrito: "Bendito é o fruto do ventre de Maria" (cf. Lucas 1.42). Também é por meio de mulheres como a Quezinha que muitos frutos de fé e esperança são e serão gerados.

Este livro vai inspirar você. Cada página edificará a sua fé, ativará o seu chamado e fará os seus olhos voltarem a brilhar.

Que esta leitura seja, de fato, um marco na sua jornada espiritual, assim como a Quezinha tem sido um marco na minha vida e na de milhares de pessoas.

Que Deus a abençoe e transforme a sua história para sempre por meio desta linda obra que você está prestes a ler.

Com carinho,
André Fernandes

É TEMPO DE FLORESCER

Capítulo 1

Toda promessa já foi uma semente

As sementes são pequenas, muitas vezes nem conseguimos notar sua presença, mas elas carregam algo incrivelmente poderoso. Cada semente contém uma essência que, se plantada no solo certo, regada adequadamente e exposta à quantidade certa de luz, germinará, criará raízes, crescerá e dará frutos. Embora uma semente possa ser desprezada devido ao seu tamanho, sua essência permanece inalterada. Ela foi criada para cumprir um propósito específico: morrer para frutificar.

Assim como a semente, nós também somos convidadas a passar por um processo de transformação. Talvez você tenha chegado a este momento da sua vida se sentindo frustrada, sem entender por que ainda não viu seus sonhos se realizarem. A boa notícia é que, embora ainda não veja, algo poderoso está acontecendo dentro de você. O processo de Deus em sua vida já começou, e parte dele é permitir que a "semente" morra para que o propósito divino floresça em você.

Para vivermos plenamente o que Deus tem para nós, é necessário que certas coisas em nossa vida morram. Nossos desejos egoístas, velhos hábitos e até mesmo nossa própria razão devem ser submetidos ao Senhor para que a verdade de Cristo possa nascer e frutificar em nós.

Pense na fé como um grão de mostarda. Ele é pequeno, parece até insignificante ao ser segurado entre os dedos, mas possui um poder imensurável. Jesus nos ensina que, se tivermos fé como um grão de mostarda, poderemos mover montanhas (cf. Mateus 17.20). Isso nos mostra que mesmo o que parece pequeno aos olhos humanos possui um grande potencial quando colocado nas mãos do nosso Pai.

E quais são as razões para falar sobre sementes e florescer em Deus? Em primeiro lugar, assim como acontece com a semente, há um potencial invisível em cada uma de nós. Ele pode estar oculto, mas, uma vez ativado, leva ao florescimento e à frutificação. Em segundo lugar, porque do mesmo modo que a semente precisa morrer para dar frutos, devemos nos entregar ao processo de transformação pelo qual o Pai deseja nos conduzir.

Seguindo essa analogia, podemos ainda refletir a respeito da importância do solo: o ambiente em que somos plantadas — nossas escolhas sobre relacionamentos, estudos, trabalho e espiritualidade — impacta diretamente nosso crescimento. Além do mais, assim como uma semente germina no escuro, Deus muitas vezes trabalha em nosso interior nos momentos de maior escuridão. É nessas horas que o dom da esperança ganha vida.

Por fim, o processo de plantar sementes e vê-las florescer nos leva a compreender mais facilmente sobre o tempo de Deus, afinal, florescer requer paciência e fé para confiar nos tempos e processos divinos. Como está escrito, "para tudo há uma ocasião certa; há um tempo certo para cada propósito debaixo do céu: tempo de nascer e tempo de morrer; tempo de plantar e tempo de arrancar o que se plantou" (Eclesiastes 3.1-2).

Passos para uma germinação sobrenatural eficaz

1 *Cultive a fé como um grão de mostarda*

Talvez você esteja enfrentando um momento desafiador em seu casamento, por exemplo, e a comunicação entre você e seu marido parece ter se rompido. Pode ser que esteja se sentindo frustrada, impotente, ou até desesperançosa, questionando se algum dia as coisas voltarão a ser como antes. Nessa situação, se sua fé for como um grão de mostarda, ela tem o poder de mover montanhas. Comece a orar pelo seu casamento, pedindo a Deus para restaurar o amor e a comunicação entre você e seu cônjuge. Cada vez que você ora, está regando a semente de fé plantada no solo da sua vida, e, com o tempo, ela pode transformar o que antes parecia impossível de ser mudado.

Ferramenta

Diário de oração: anote as orações que faz pelo seu casamento ou pela causa que deseja colocar aos pés do Senhor. Ao revisar suas anotações, verá como Deus está agindo, mesmo que de maneira sutil, fortalecendo sua fé e trazendo esperança.

2 *Prepare o solo do seu coração*

Pode ser que você tenha passado pelo término de um relacionamento recentemente e esteja carregando em seu coração sentimentos de mágoa, ressentimento e desconfiança. Essas emoções são como pedras duras que impedem o crescimento de novas oportunidades de felicidade e realização em sua vida. Preparar o solo do seu coração, nesse momento, significa perdoar a si mesma e ao outro, entregando toda a dor a Deus e permitindo que ele cure as feridas. Embora esse processo seja doloroso, é essencial para que seu coração seja restaurado e pronto para receber as novas promessas que o Senhor tem para você.

Ferramenta

Prática do arrependimento diário: ao refletir e orar diariamente, peça a Deus que ajude você a liberar o perdão e deixar o passado para trás, permitindo que novas sementes de alegria e esperança sejam plantadas em seu coração.

3 *Regue suas promessas com a Palavra de Deus*

Talvez você seja uma jovem mãe que, diante das incertezas do futuro, está lutando contra a insegurança e o medo de não conseguir criar seus filhos da melhor maneira possível. A ansiedade pode estar dominando seus pensamentos, e talvez você se encontre paralisada diante dos desafios diários. Nesse caso, a Palavra de Deus é como a água que você precisa para regar sua fé e acalmar seu coração. Ao meditar em versículos que tratam sobre o cuidado e a provisão do Senhor, certamente encontrará a paz e a segurança de que necessita.

Cada vez que você repete as promessas presentes nas Escrituras em voz alta, está regando sua fé e as promessas de Deus para sua família, lembrando-se de que ele está no controle, mesmo quando as circunstâncias parecem adversas.

Ferramenta

Post-it de versículos: espalhe trechos da Bíblia pela casa, pode ser na porta da geladeira, perto da sua cama, do berço do seu filho ou no espelho do banheiro. Sempre que vir algum, declare a verdade de Deus sobre sua vida e a de seus familiares, regando as promessas que ele tem para vocês.

4 *Desenvolva raízes profundas na comunidade*

Talvez você tenha se mudado recentemente para uma nova cidade e esteja sentindo o peso da solidão e a falta de uma rede de apoio. Longe da família e dos amigos, você pode se sentir isolada e desmotivada. Nesse momento, é crucial desenvolver raízes profundas na comunidade cristã. Ao se envolver em uma igreja local, participar de pequenos grupos e servir em ministérios, você começará a construir uma rede de apoio que a ajudará a enfrentar os desafios da nova fase. Essas novas conexões serão como raízes, que a sustentarão emocional e espiritualmente, dando-lhe forças para florescer, mesmo em um ambiente que inicialmente parecia hostil.

Ferramenta
Envolvimento em grupos de estudo bíblico: participar de uma comunidade desse tipo, ou de uma célula de oração na nova igreja, pode oferecer o suporte e o encorajamento de que você precisa para se adaptar à nova realidade e desenvolver raízes espirituais profundas.

5 *Espere com paciência e confiança no tempo de Deus*

Talvez você esteja esperando por um emprego há meses, sem ver nenhum sinal de resposta. As contas estão se acumulando, e a incerteza sobre o futuro começou a pesar sobre seus ombros. Em momentos assim, é fácil duvidar de que realmente encontrará a oportunidade certa, mas lembre-se de fazer a sua parte e confiar que Deus está no controle e sabe o momento exato para agir. Durante esse período de espera, praticar a gratidão pelas pequenas provisões diárias pode ajudá-la a manter a fé e a paciência até que a porta certa se abra.

Ferramenta
Prática da gratidão diária: anote três coisas pelas quais você é grata diariamente. Assim seu coração será cheio de esperança e confiança enquanto espera pela resposta de Deus.

Germinando a semente: o poder das palavras

As palavras têm um poder imenso sobre nossa vida. Elas podem edificar ou destruir, nutrir ou sufocar, plantar vida ou morte em nosso coração (cf. Provérbios 12.18 e 18.21). Quando falamos sobre germinar a semente das promessas de Deus, precisamos entender que a forma como falamos sobre nós mesmas, nossas situações e nossas expectativas pode determinar nossa colheita.

O experimento dos três potes de arroz

Quero compartilhar com você um exemplo fascinante que ilustra o poder das palavras: o experimento do Dr. Masaru Emoto com três potes de arroz. Ele pegou três potes de vidro e colocou a mesma quantidade de arroz cozido em cada um. Diariamente, ele se dirigia a cada pote de uma maneira diferente. Ao primeiro falava palavras de amor e encorajamento, como "obrigado" e "eu amo você". Para o segundo pote expressava ódio, dizendo coisas como "você é inútil" e "eu odeio você". O terceiro pote foi completamente ignorado.

Depois de algumas semanas, os resultados foram surpreendentes. O arroz do primeiro pote, que recebeu palavras de amor, fermentou lentamente e começou a emitir um aroma agradável. O do segundo, que recebeu palavras de ódio, ficou podre. Já o arroz do terceiro pote, que foi ignorado, também começou a apodrecer, mas de uma forma diferente, com um aspecto de decomposição lenta.[1]

Esse experimento nos mostra que nossas palavras têm o poder de influenciar nosso estado emocional e ainda nossa realidade física. Se podemos observar um impacto tão grande no arroz, que nem

1 "Rice Experiment - The Power of Words", disponível no canal Jbittersweet no YouTube. Publicado em 25 de abril de 2011.

“

SEMENTES GERADAS EM SECRETO FLORESCERÃO.

”

sequer tem um coração, imagine o poder das palavras sobre nossa vida e as pessoas que nos cercam.

Talvez você esteja passando por uma fase difícil, em que nada parece dar certo, e se encontre dizendo coisas como: "Eu nunca conseguirei"; "Minha vida é um desastre"; ou "Deus se esqueceu de mim". Cada vez que declara essas palavras, torna o solo da sua vida infértil, impedindo o crescimento das promessas de Deus. Que tal começar a mudar a narrativa? Que tal dizer, mesmo que ainda não sinta nada disso: "Eu sou amada por Deus"; "Eu sou capaz"; "Minha vida tem propósito"?

Desafio você a plantar palavras de vida todos os dias. Assim como selecionaria cuidadosamente as sementes para plantar em um jardim, escolha com cuidado as palavras que fala sobre si mesma e sobre as circunstâncias ao seu redor. O que você diz hoje cultiva aquilo que colherá amanhã. Se estiver esperando um retorno sobre uma oportunidade de trabalho, por exemplo, em vez de dizer: "Eu nunca conseguirei um emprego"; que tal começar a declarar: "Deus está preparando o lugar certo para mim"; "Eu sou qualificada e capaz"; "Minha oportunidade está chegando"? As palavras que você planta hoje são as sementes que germinarão em sua vida no futuro.

A mulher em Jericó: Raabe, uma semente esquecida que germinou

Raabe, mencionada em Josué 2, era uma mulher que, aos olhos do mundo, parecia estar completamente fora do propósito de Deus. Tratava-se de uma prostituta que vivia em Jericó, uma cidade condenada à destruição. No entanto, Deus, em sua soberania, enxergou além das circunstâncias de Raabe e a usou de uma forma extraordinária.

Quando Josué enviou dois espias para Jericó, eles acabaram se abrigando na casa de Raabe. Mesmo sabendo que ajudar os inimigos de sua cidade colocava sua vida em risco, ela tomou uma decisão corajosa: escondeu os espias e os ajudou a escapar. Ela lhes disse:

> [...] Sei que o SENHOR deu a vocês esta terra. Vocês nos causaram um medo terrível, e todos os habitantes desta terra estão apavorados por causa de vocês. [...] o SENHOR, o seu Deus, é Deus em cima nos céus e embaixo na terra. (Josué 2.9,11)

Essa confissão de fé foi o primeiro passo para a redenção de Raabe. Então a sua fé e disposição de arriscar tudo foram recompensadas. Não somente ela foi salva, mas também toda a sua família, como lemos em Josué 6.25:

> E Josué poupou a prostituta Raabe, a sua família e todos os seus pertences, pois ela escondeu os homens que Josué tinha enviado a Jericó como espiões. E Raabe vive entre os israelitas até hoje.

Raabe, uma mulher que parecia ser uma semente fora do solo fértil e estar destinada ao esquecimento, foi transplantada na linhagem de Deus e recebeu uma herança na Terra Prometida. Ela não só foi integrada ao povo de Israel, mas também ganhou uma posição de honra na genealogia de Jesus Cristo. Em Mateus 1.5, a Palavra nos diz:

> [...] Salmom gerou Boaz, cuja mãe foi Raabe; Boaz gerou Obede, cuja mãe foi Rute; Obede gerou Jessé [...].

Essa menção honrosa destaca a importância de Raabe na história da redenção. Ela passou de uma mulher que vivia à margem da sociedade para uma ancestral do próprio Salvador. Todos puderam testemunhar que ela carregava algo especial em seu interior, em sua essência, algo que o próprio Criador lhe concedeu e ela soube cultivar até florescer.

Talvez você se sinta como Raabe, que parece ser uma semente esquecida, sem propósito, sem futuro. Porém sua história ainda não acabou. O Senhor pode estar preparando algo maior do que você imagina, algo que transformará não apenas a sua vida, mas também impactar gerações futuras. Não subestime o que Deus pode fazer com quem se dispõe a acreditar em suas promessas, mesmo quando tudo parece estar fora de lugar. Saiba que o Senhor não apenas a resgata, ele a redime e coloca você em lugares de honra, mesmo quando tudo parece perdido.

Deus não apenas a resgata, ele a redime e coloca você em lugares de honra, mesmo quando parece que tudo está perdido.

Capítulo 2

A fé prospera no desconforto

Dores de crescimento: um sinal de progresso

Lembra-se das dores que teve nos ossos durante a adolescência? São as chamadas dores de crescimento. Trata-se de uma experiência comum, que sinaliza o desenvolvimento, ou expansão, do nosso corpo. Minha filha mais velha, com 11 anos, às vezes se queixa de dores nas pernas ou nos braços antes de dormir. Sempre reforço: "Filha, você está crescendo!". E, no caso dela, sei que isso é verdade, não apenas fisicamente, mas também espiritualmente.

Como as dores de crescimento físicas, o desconforto emocional e espiritual é um indicativo de que estamos sendo estiradas para além de nossos limites habituais e preparadas para um novo nível de maturidade e profundidade em nossa fé. A Palavra nos ensina acerca desse processo em 2Coríntios 4.17:

> [...] pois os nossos sofrimentos leves e momentâneos produzem para nós uma glória eterna que pesa mais do que todos eles.

Uma mulher de Deus sabe acolher e enfrentar as dificuldades, desenvolvendo-se a partir de suas superações e dando glória ao

Senhor com isso. Débora, por exemplo, é uma das figuras femininas mais poderosas apresentadas na Bíblia. Ela era juíza e profetisa em uma época em que o povo de Israel era oprimido pelos cananeus. Ou seja, ela viveu um momento conturbado, mas em vez de lamentar, soube se posicionar para cumprir os desígnios divinos em sua vida. Débora foi essencial na mobilização de Baraque para que ele liderasse o exército de Israel contra os opressores, e sua fé inabalável em Deus foi como um farol de esperança e coragem. É isso o que as Escrituras nos ensinam a seu respeito:

> Naquela época, Débora, profetisa e mulher de Lapidote, liderava Israel. Ela se sentava debaixo da Palmeira de Débora [...] e os israelitas a procuravam para que julgasse as questões entre eles. (Juízes 4.4-5)

A liderança de Débora foi fundamental para a vitória de Israel, mostrando como Deus escolhe e usa lideranças femininas fortes para realizar seus propósitos. É o que aconteceu também por meio de Ester, uma jovem judia que se tornou rainha da Pérsia, e enfrentou uma situação de vida ou morte ao interceder por seu povo, correndo o risco de ser executada (cf. Ester 4). Sua coragem, demonstrada quando ela decide se apresentar diante do rei sem ser chamada, e seu jeito astuto de expor as maquinações de Hamã demonstram uma fé profunda no cuidado providencial de Deus.

> Quem sabe se não foi para um momento como este que você chegou à posição de rainha? (Ester 4.14)

Essa foi a pergunta feita por Mardoqueu — o primo de Ester que a criou —, que a despertou e instigou a agir. Assim ela usou sua posição e influência para salvar os judeus da destruição, mostrando que uma fé combinada com ação pode mudar o curso da História.

Outra mulher que fez uma escolha ousada e gerou impacto em sua própria vida e em gerações foi a moabita Rute. Após a morte de seu marido, deixou sua terra natal e seguiu sua sogra, Noemi, para Israel. Sua lealdade à sogra e decisão por adotar o Deus de Israel como seu próprio Deus são testemunhos marcantes de fé e integridade. Suas palavras a Noemi registram um belíssimo compromisso:

> [...] "Não insistas comigo para que te abandone e que não mais te acompanhe. Aonde fores, irei; onde repousares, ali repousarei! O teu povo será o meu povo, e o teu Deus será o meu Deus!". (Rute 1.16)

Rute não apenas encontrou um novo começo em Israel, ela se tornou parte da linhagem de Jesus. Sua história demonstra como Deus honra a nossa fidelidade e escreve redenções extraordinárias em nossa vida. Não é à toa que a considero, assim como as outras mulheres mencionadas, uma heroína da fé. Conforme cada uma enfrenta seu próprio tipo de desconforto, revela-se como Deus sustenta e multiplica a fé dos que confiam nele em meio às adversidades. Elas nos encorajam a enfrentar nossos próprios desafios não como barreiras, mas sim oportunidades para um crescimento espiritual mais profundo e com um impacto duradouro.

Ao lermos Hebreus 11, passagem que também é conhecida como a "galeria dos heróis da fé", vemos claramente que cada personagem bíblico enfrentou grandes desconfortos. Abraão deixou sua terra natal sem saber para onde ia, Moisés liderou um povo rebelde no deserto, José foi vendido como escravo por seus próprios irmãos. Cada um desses momentos de dificuldade elevou os níveis de fé dos homens que os encararam, e pode ainda aumentar a fé de todos que leem suas histórias. Eles não apenas sobreviveram aos desafios, mas de fato fizeram história com o Senhor.

Sair da zona de conforto e aceitar tudo que o Pai preparou para nós pode causar um medo, certa ansiedade — um verdadeiro frio na barriga. Porém, eventualmente, você descobrirá que fez a melhor escolha ao abraçar os desafios com a graça de Deus.

O desconforto se tornou muito real para mim quando meu marido, André, foi internado no CTI[1]. Foram dias de dor intensa, preocupação constante e desafios inimagináveis, por meio dos quais minha fé foi esticada ao máximo. Em um desses momentos de desespero, Deus sussurrou em meu ouvido: "A fé prospera no desconforto". Foi como se ele estivesse me lembrando de como, ainda que estivesse desconfortável para mim, ele permanecia no controle da situação.

Entrar no CTI e ver o André deitado na maca, sendo eu incapaz de levá-lo para casa e cuidar dele, foi devastador. Recordo-me claramente de uma noite em particular. Cheguei à casa, beijei nossa filha de três anos e, ao perceber que a nossa cama estava vazia, ajoelhei-me e chorei alto, clamando a Deus por um milagre.

O André foi diagnosticado com endocardite bacteriana aguda, uma condição com altas taxas de mortalidade. Seu estilo de vida acelerado havia comprometido a imunidade dele, levando-o a níveis críticos de saúde. Foi um período de incerteza terrível, em que os médicos lutavam para encontrar o antibiótico certo antes que fosse tarde demais.

Mas, a cada dia que se passava, víamos o cuidado de Deus em todos os detalhes; pudemos testemunhar o poder daquele que cura atuando por meio da equipe médica. Nesse processo, tomamos posse da palavra de Isaías: "[...] pelas suas feridas fomos curados!" (53.5). Jesus cura!

Como venci essa batalha? Orando, confiando no Senhor, adorando a ele, substituindo meus pensamentos de medo por palavras de fé,

---

1 Sigla de Centro de Terapia Intensiva, um setor do hospital que acolhe pacientes graves e seus familiares.

e contando com as pessoas queridas, posso até chamá-las de "anjos", que Deus colocou ao meu lado para me sustentar. Sou eternamente grata por cada um que nos apoiou durante aquele tempo de tribulação.

Jamais imaginei que todo o desconforto que vivemos estava nos preparando para alcançar um novo nível de fé. Mas além de promover um crescimento interno em nós, toda aquela situação gerou um testemunho e pudemos ser usados por Deus para realizar algo incrível. O André escreveu um livro durante sua internação e muitos foram curados — de tumores, infertilidade, doenças crônicas e psicossomáticas — quando ele compartilhou sua história ou orou por eles.

Olhando para trás, percebo que estivemos em uma posição relativamente semelhante à do apóstolo Paulo, que orou pedindo a Deus que lhe tirasse o espinho da carne. Nós clamávamos por uma cura imediata, queríamos sair daquela provação o quanto antes, porém percebemos que as palavras que o Senhor dirigiu a Paulo também faziam sentido para nossa vida:

> [...] "A minha graça é suficiente para você, pois o meu poder se aperfeiçoa na fraqueza". Portanto, eu me gloriarei ainda mais alegremente nas minhas fraquezas, para que o poder de Cristo repouse em mim. (2Coríntios 12.9)

Você não precisa esperar que as circunstâncias se tornem favoráveis para crer no invisível. A fé verdadeira é ativa; ela cria realidades. Quando suas ações, suas palavras e sua fé caminham juntas, você começa a moldar o que é invisível em algo tangível e visível. Essa é a essência de viver por fé: não se trata apenas de desejar mudanças, mas também de agir e falar como se elas já estivessem acontecendo.

> Em verdade lhes digo que, se alguém disser a este monte: "Levante-se e atire-se no mar", e não duvidar no seu coração, mas crer que acontecerá o que diz, assim lhe será feito. (Marcos 11.23)

Quero encorajá-la com esse testemunho. Se você está passando por um momento difícil e desconfortável, saiba que é exatamente nesse contexto que sua fé tem a oportunidade de florescer. Creia, e você verá o invisível tornar-se visível. A fé não nos isenta de enfrentar desafios; pelo contrário, ela nos equipa para atravessá-los com coragem e certeza da vitória.

Quando você se levanta em fé, mesmo nas circunstâncias mais dolorosas, deixa de simplesmente sobreviver e passa a prosperar. Muitas vezes, é por meio dessas mesmas provações que Deus revela seu poder e propósito mais claramente para nós.

Diversas pessoas vivem situações em que o sofrimento parece não ter fim: doenças crônicas, diagnósticos devastadores, perda de entes queridos. Em ocasiões como essas, é fácil sentir-se definida pelas circunstâncias, como se a vida se resumisse aos problemas enfrentados. Mas é crucial ter em mente que você não é o seu diagnóstico. Você é muito mais do que as lutas que enfrenta.

Deus é conhecido por transformar situações impossíveis em testemunhos de sua graça e poder. Na Bíblia, existem inúmeros relatos de indivíduos que enfrentaram doenças e adversidades extremas, apenas para serem restaurados de maneiras milagrosas, deixando testemunhos vivos do seu poder.

Você está passando por um vale sombrio agora? Seu corpo e sua mente estão gritando sob o peso de diagnósticos que parecem selar seu destino? Leia mais uma vez, com atenção, esta verdade: você não é o seu diagnóstico. Não permita que um rótulo limite o horizonte vasto que Deus tem para você. Seu valor não diminui com a debilidade de sua saúde; sua alma não deve ser aprisionada por circunstâncias físicas.

Acredite: onde há causas impossíveis é o ambiente perfeito para Deus trabalhar. Quando tudo diz "não", ele diz "sim". Quando a medicina chega ao limite, o Senhor aponta para o infinito. Ele não está intimidado pelos seus problemas, não está confuso com seu caos. Ele é o Deus que fez caminho em terra seca no meio do mar Vermelho, que restaurou a saúde de Naamã, que levantou Lázaro do túmulo. Ele pode fazer o mesmo por você.

Tenha em mente que sua dor não é em vão. Como uma árvore que estende suas raízes mais profundamente no solo durante a seca, sua fé é estirada e fortalecida em seu sofrimento. É nos momentos mais escuros que a luz de Deus brilha mais intensamente. Deixe essa dor construir algo eterno em você. Permita que ela amplie sua compreensão, aprofunde sua compaixão e eleve sua esperança. Você pode não entender agora, mas o Senhor tem um plano. Cada lágrima que derrama é preciosa aos olhos dele, cada noite de insônia está sob sua vigilância. Você está sendo preparada para algo maior que você mesma, está sendo moldada para tocar vidas, para ser luz em meio às trevas, para ser testemunho vivo do poder restaurador de Deus.

Não desista. Não se renda ao desespero. Há uma promessa sobre sua vida que a dor não pode apagar. Há um futuro de esperança que aguarda sua chegada (cf. Jeremias 29.11). Continue avançando, mesmo que os passos sejam pequenos. Siga confiando, mesmo que a sua fé pareça fraca. Deus está com você em cada passo, soprando força em seu espírito, infundindo vida onde só havia desolação.

Quero lembrá-la de alguns pontos importantes, que talvez se apliquem diretamente à sua realidade atual ou podem trazer ensinamentos de modo indireto:

1 *Mãe, você não é sua insegurança*

Muitas vezes, como mães, podemos nos sentir inadequadas e culpadas, questionar nossas decisões ou nos compararmos a outras mães nas redes sociais. Mas saiba que você não é definida pelas noites sem dormir, pelas refeições que não acontecem de modo perfeito, ou pelos momentos em que perde a paciência. Você é uma mãe amorosa, dedicada e resiliente, cujo amor não pode ser medido; não se trata do quanto sua vida parece ideal aos que olham de fora, mas da constância de seu cuidado e profundidade de seu amor.

2 *Você não é seu status de relacionamento*

Numa sociedade em que muitos valorizam as pessoas de acordo com o status de relacionamento, é comum se sentir menos valiosa por estar solteira. Porém seu valor não é determinado pela presença de um parceiro. Você pode ser completa, com ou sem uma relação amorosa. Sua identidade é rica em complexidade e beleza, tecida com talentos, sonhos e capacidades que transcendem qualquer relacionamento.

3 *Você não é o seu peso*

Vemos, difundidos nas mídias, padrões inalcançáveis de beleza, que fazem diversas mulheres se sentirem perpetuamente insatisfeitas com a própria aparência física. Claro que, em honra ao fato de sermos templo do Espírito Santo (cf. 1Coríntios 6.19), não devemos viver de forma desleixada. Mas a verdade é que não somos definidas por um número na balança, nem pelo tamanho de roupas escrito em uma etiqueta. Somos obra-prima divina, cada uma formada de modo único e todas dignas de respeito e amor, independentemente de eventuais flutuações de peso.

4 *Você não é o seu erro*

No ambiente corporativo, por exemplo, em que cada erro pode parecer um retrocesso monumental, é fácil se sentir como se as falhas definissem nossa carreira. Entretanto, você não é seus erros ou fracassos profissionais. Dê o seu melhor todos os dias e não se esqueça de que você tem habilidades, ética de trabalho e capacidade para aprender e crescer. Cada desafio é uma oportunidade para expandir seu entendimento e afinar suas competências.

5 *Você não é as expectativas não atendidas*

Talvez você tenha crescido com uma ideia de como sua vida deveria ser — uma carreira específica, um tipo de família, um conjunto de realizações. Talvez se sinta aquém dessas expectativas hoje. Mas lembre-se: você não é definida por um *checklist* de vida. Sua história é uma narrativa em evolução, e cada reviravolta traz novas oportunidades e revelações.

Em Josué 1.9, a Palavra diz: "**Não fui eu que ordenei a você?** Seja forte e corajoso! Não se apavore nem desanime, pois o Senhor, o seu Deus, estará com você por onde você andar". É isso que o Pai diz a seu respeito: "Eu a escolhi!".

Exatamente agora, enquanto você lê essas palavras, declaro que está sendo curada na sua alma, sendo fortalecida na sua identidade e curada da rejeição, do peso de agradar a outras pessoas ou do que for que possa ter tentado paralisá-la. Não importa quem a rejeitou, saiba que Deus a escolheu. Não importa quem não notou sua presença, Deus viu você antes de todos e ele continua soprando em seus ouvidos: **você é minha!**

Fique com essa verdade e cale as vozes contrárias, você não está sozinha, mas tem um dono, você tem um Pai, um bom Pai!

Capítulo 3

O solo fértil é você

Ao compreender a sua identidade, você floresce no propósito para o qual foi criada. Não existe outra forma de viver plenamente a não ser firmada nas verdades que o Criador diz a seu respeito. Uma identidade bem resolvida é a chave que desbloqueia as portas do nosso destino. Nós, mulheres, somos frequentemente bombardeadas com questionamentos acerca de quem somos, porque temos uma influência direta no que diz respeito a moldar a próxima geração. Desde gerar um filho até lhe ensinar princípios, crenças e valores, temos um papel fundamental. E o fato de estarmos conectadas ou não ao nosso propósito influencia — positiva ou negativamente — nossa casa, assim como toda a sociedade em que nos encontramos.

Lisa Bevere disse certa vez: **"Você não descobre quem você é na presença das pessoas. Você descobre quem você é na presença de Deus!"**.[1] Essa revelação foi como uma explosão de clareza

---

1 Frase original em inglês: "You do not discover who you are in the presence of people, you discover who you are in the presence of God", Disponível em: https://www.youtube.com/watch?app=desktop&v=3g-ceSr81z5U. Acesso em outubro de 2024.

para mim. Sempre que dúvidas sobre minha identidade ou meu propósito surgiam, eu corria para meu quarto e orava, colocando diante de Deus as críticas e mentiras que ouvia sobre mim. Assim, quando palavras alheias tentavam me ferir, o Senhor me tranquilizava, lembrando-me de que sua luz brilhava sobre mim, independentemente do que os outros pensavam. Ele nunca erra, e sempre me afirmou como sua filha, enxergando-me exatamente como fui criada para ser.

> Tu criaste o íntimo do meu ser e me teceste no ventre da minha mãe. Eu te louvo porque me fizeste de modo assombroso e admirável. As tuas obras são maravilhosas! Sei disso muito bem. (Salmos 139.13-16)

Foi o próprio Deus que planejou nossa existência, por ele fomos criadas de forma admirável e única. Cientes disso, cabe a nós assumirmos o compromisso de viver conforme os propósitos do nosso Criador.

Construir ou destruir: o poder em nossas mãos

> A mulher sábia edifica a sua casa, mas a insensata a derruba com as próprias mãos. (Provérbios 14.1)

Grande é a nossa responsabilidade. Está em nossas mãos o poder de construir ou destruir. Todos os dias precisamos pedir a Deus sabedoria para sermos mulheres que constroem. Quando observo construções, reflito sobre como só constrói quem tem a visão da casa finalizada, quem entende que leva tempo, dá trabalho e há um custo muitas vezes superior ao esperado.

A história de Rute: um exemplo de construção

Na Palavra, encontramos o precioso exemplo de Rute, que nos ensina a não perder tempo com comparações. Apesar de sua dor, do luto que enfrentava, ela escolheu ficar ao lado de sua sogra, Noemi, estabelecendo uma aliança que mudaria sua vida para sempre. Por causa de seu compromisso e resiliência, sua história foi eternizada na Bíblia, oferecendo grandes ensinamentos a quem a ler.

Leitura Recomendada:
Rute 1.14-16

Sua trajetória se passa durante o período dos Juízes, uma época de grande tumulto e instabilidade em Israel. Não havia um rei na nação e "cada um fazia o que era certo aos seus próprios olhos" (Juízes 21.25b). Isto é, faltava uma liderança central e um senso alinhado de moralidade. Nesse cenário, a fidelidade de Rute contrasta fortemente com o clima geral de desordem daquele tempo. Ela poderia ter seguido Orfa, a outra nora de Noemi, e voltado para sua família de origem, mas decidiu construir uma nova história com Deus, pois entendeu que:

- **Uma mulher que constrói suporta o processo.**
- **Uma mulher que constrói fala na hora certa.**
- **Uma mulher que constrói se cala na hora certa.**
- **Uma mulher que constrói é cheia de esperança.**
- **Uma mulher que constrói não se move por opiniões.**
- **Uma mulher que constrói é determinada.**
- **Uma mulher que constrói é incansável.**
- **Uma mulher que constrói age com sabedoria.**

Curando o solo: identidade e a raiz das "mentiras perfeitas"

Para prosperar em seu propósito, é essencial saber quem você é. A sua identidade é a base que sustenta todo o seu crescimento espiritual e emocional. O desafio está em vivermos em um mundo que constantemente tenta distorcer essa verdade fundamental por meio de "mentiras perfeitas". Eu me refiro a mentiras tão bem disfarçadas que muitas vezes nos fazem acreditar que somos menos do que Deus nos criou para ser.

Essas "mentiras perfeitas" podem surgir de várias maneiras: a partir das palavras dos outros, de experiências dolorosas que vivemos, ou até mesmo de comparações que fazemos com a vida dos demais. Elas podem ser discretas, quase imperceptíveis, mas são poderosas o suficiente para distorcer nossa autoimagem e nos afastar do propósito que Deus reservou para cada uma de nós.

Quando essas mentiras, por parecerem tão perfeitas, se passam por verdades, trazem-nos o sentimento de inadequação, rejeição e de que não somos amadas. Pense em uma fotografia desfocada, por exemplo. Não importa quão especial seja o momento que ela captura, se a imagem estiver distorcida é incapaz de mostrar a realidade. Da mesma forma, quando a nossa percepção de nós mesmas se encontra distorcida, nosso potencial e propósito se mostram obscurecidos.

Para compreender isso, podemos nos atentar ao relato da mulher samaritana em João 4, que vivia sob uma identidade distorcida. Ela acreditava que sua história e seus erros definiam quem ela era, mas quando encontrou Jesus, recebeu a revelação sobre sua real identidade. Cristo desconstruiu a mentira em que aquela mulher acreditava e a fez enxergar a verdade.

Omissão: quando a verdade é suprimida

Outra forma de "mentira perfeita" é a omissão. Quando omitimos nossa verdadeira identidade ou nossa luz, estamos, no fundo, concordando com a escuridão que tenta nos cercar. Cada vez que nos omitimos, isto é, deixamos de refletir a luz de Cristo, permitimos que a mentira tome mais espaço em nossa vida e em nosso entorno. Omissão não é neutralidade; é uma forma de oposição à verdade que Deus quer manifestar por meio de nós. Quando nos escondemos, calamos nossa voz ou não nos posicionamos em prol da Verdade, perdemos a oportunidade de construir aquilo que o Senhor nos chamou para construir. A Palavra afirma que quando nossa luz brilha neste mundo, levamos as pessoas a glorificar ao nosso Pai:

> Vocês são a luz do mundo. Não se pode esconder uma cidade construída sobre um monte. Ninguém acende uma lâmpada e a coloca debaixo de uma vasilha. Ao contrário, coloca-a no lugar apropriado e, assim, ilumina todos os que estão na casa. Da mesma forma, **brilhe a luz de vocês diante dos homens, para que vejam as suas boas obras e glorifiquem a seu Pai, que está nos céus**. (Mateus 5.14-16, grifo da autora)

Comparação: o veneno da insatisfação

A comparação é uma das "mentiras perfeitas" mais sutis e devastadoras. Ela nos leva a olhar para os outros e pensar que somos menores do que eles, que não temos valor ou que nunca seremos boas o suficiente, ainda que tudo isso não seja verdade. Ela rouba nossa alegria, paralisa nosso crescimento e nos afasta do propósito único que Deus tem para cada uma de nós.

Lembro-me de momentos em que, mesmo em meio a grandes desafios, as pessoas esperavam que eu fosse forte e inabalável. Então, quando eu me permitia sentir e expressar alguma fraqueza, logo vinham as comparações: "Por que eu não sou tão forte quanto pensam que sou?". Mas Deus me lembrou de que minha força vem dele e não preciso me comparar com ninguém, nem sequer com as projeções que fazem de mim, pois ele já determinou quem eu sou de fato.

Desconstruindo as mentiras e descobrindo a verdade

O solo fértil para que sua identidade floresça é o espaço em que as mentiras são arrancadas pela raiz e a verdade de Deus é plantada e regada. Você não é a imagem distorcida que as mentiras tentam projetar; você é obra-prima do Senhor, criada de forma admirável e única. Quando permitimos que ele construa e reafirme nossa identidade, deixamos de lado as distorções, omissões e comparações que nos impedem de crescer.

Rompendo com as "mentiras perfeitas" e assumindo sua verdadeira identidade

Agora que compreendeu como as "mentiras perfeitas" podem distorcer sua identidade e impedi-la de viver plenamente o propósito que Deus tem para você, é hora de agir. Esse é o momento de se levantar, confrontar essas mentiras e reconstruir sua vida sobre a verdade de Deus, uma base verdadeiramente sólida.

1 *Identifique as mentiras: o primeiro passo para a liberdade*

A primeira coisa que você precisa fazer é identificar as mentiras que têm dominado seus pensamentos e comportamentos. Pergunte a si mesma:

- Quais são as vozes que têm ecoado em minha mente?
- Em que estou acreditando sobre eu mesma que não reflete o que Deus diz a meu respeito?
- Em quais áreas da minha vida eu me sinto mais insegura, comparada ou derrotada?

"Você não é definida pelas mentiras que o mundo tenta lhe impor; você deve ser moldada pela verdade imutável do Criador. Seu valor não está naquilo que faz ou deixa de fazer, mas em quem você é: uma filha amada de Deus, destinada a brilhar e a transformar o mundo ao seu redor."

Exercício

Pegue um caderno e escreva as respostas para essas questões. Seja honesta e direta, formando uma lista com as mentiras que a afligem.

2 *Substitua as mentiras pela verdade: reprogramando sua mente*

Uma vez que você identificou as mentiras, é hora de substituí-las pela verdade. A Palavra de Deus é a ferramenta mais poderosa para reprogramar sua mente. Medite nas Escrituras que falam sobre sua verdadeira identidade e permita que essas palavras transformem a maneira como você se vê.

Exercício

A partir da lista elaborada no exercício anterior, faça o seguinte: ao lado de cada mentira, escreva uma verdade bíblica que a contradiga. Por exemplo, se você pensa que não é amada, escreva: "Eu sou amada com um amor eterno" (Jeremias 31.3). Você também pode colocar esses versículos em lugares para onde olha diariamente — no espelho do banheiro, no celular, no carro. Cada vez que você ler essas palavras, declare-as em voz alta. Com o tempo, essas verdades substituirão as mentiras em sua mente.

3 *Elimine a autossabotagem: pare de se comparar*

A comparação é uma das formas mais comuns de autossabotagem. Quando você se compara com os outros, está, na verdade, minimizando o valor único que Deus colocou em você. Em vez de se comparar, celebre as diferenças e as bênçãos que ele concedeu a você e aos outros.

Exercício

Toda vez que sentir a tentação de se comparar, transforme esse pensamento em gratidão. Liste três coisas pelas quais você é grata em sua própria vida.

4 *Cerque-se de verdades e apoio: construa uma rede de suporte*

Você não está sozinha nessa jornada. Cerque-se de pessoas que falem a verdade sobre sua vida, que a encorajem e a levantem quando começar a duvidar de você mesma e daquilo que o Senhor lhe confiou. Construa uma comunidade de fé ao seu redor, em que você possa ser real e vulnerável, sabendo que será amada e aceita. Mas atenção: tenha compaixão e não espere perfeição dos demais, nem de você mesma, pois somente Deus é perfeito; que as falhas de cada um possam proporcionar oportunidades de perdão.

Dica prática

Envolva-se em um grupo de estudo bíblico, participe de uma célula ou conecte-se com outras mulheres de fé que possam orar com você e por você. A força de uma comunidade pode ser a âncora de que você precisa para permanecer firme na Verdade.

5 *Aja com determinação: viva de acordo com a Verdade*

Por fim, lembre-se de que todo dia é dia de viver de acordo com a Verdade, isto é, com o que o nosso Deus diz. A verdade sobre quem você é em Cristo deve refletir-se em como vive a cada instante, nas escolhas que faz e nas ações que pratica. Não basta saber a verdade; você precisa exercê-la todos os dias.

Exercício

Defina metas claras para todas as áreas de sua vida em que deseja crescer. Pode ser algo como: "falarei com confiança em reuniões de trabalho", ou "dedicarei um tempo diário à oração e à leitura da Bíblia para fortalecer minha fé". Cada pequena ação que realizar é um passo em direção ao cumprimento do seu propósito.

VOL XXV
É TEMP
Ao compreender a sua identidade, você floresce no propósito para o qual foi criada. Não existe outra forma de viver plenamente a não ser firmada nas verdades que o Criador diz a seu respeito. Uma identidade bem resolvida é a chave que desbloqueia as portas do nosso destino. Nós, mulheres, somos frequentemente bombardeadas com questionamentos acerca de quem somos, porque temos uma influência direta no que diz respeito a moldar a próxima geração. Desde gerar um filho até lhe ensinar princípios, crenças e valores, temos um papel fundamental. E o fato de estarmos conectadas ou não ao nosso propósito influencia – positiva ou negativamente – nossa casa, assim como toda a sociedade em que nos encontramos. Lisa Bevere disse certa vez: "Você não descobre quem você é na presença das pessoas. Você
"Hoje é o dia de se levantar, rejeitar as mentiras e viver a verdade que Deus declarou sobre você. Sua identidade é inegociável, seu propósito é imutável, e seu destino é grandioso. Vá em frente, floresça, construa e transforme, porque o solo fértil é você!"

Esse é o seu momento. Descubra sua identidade em Cristo, substitua as mentiras, elimine a autossabotagem, cerque-se de apoio e aja com determinação. A jornada para uma vida plena, alinhada com a verdade de Deus, começa agora. Não se deixe paralisar pelas mentiras; transforme-as em combustível para uma vida de propósito e impacto eterno.

Davi é um belo exemplo para nós nesse sentido. Quando ele enfrentou Golias, recusou-se a usar a armadura de Saul, pois sabia que essas vestes não o habilitariam para a vitória; sua confiança estava em quem ele era — um filho do Senhor dos Exércitos. Ele foi para a batalha com o que tinha, porque sabia quem ele era em Deus.

> Davi [...] disse a Saul: — Não consigo andar com isto, pois não estou acostumado. Então, tirou tudo aquilo. Em seguida, pegou o seu cajado, escolheu no riacho cinco pedras lisas e colocou-as na bolsa, isto é, no seu alforje de pastor; com a sua funda na mão, aproximou-se do filisteu. (1Samuel 17.39-40)

Há uma poderosa lição aqui: diversas mulheres são paralisadas porque querem usar o que não lhes cabe. Muitas vezes, tentamos viver de acordo com as expectativas dos outros, vestindo identidades que não são nossas. Mas, assim como Davi, precisamos rejeitar o que não nos serve e caminhar conforme a identidade que Deus nos deu. Uma frase que li recentemente resume bem isso: **"Se aperta, é porque não serve para você — isso vale para sapatos, roupas e relacionamentos".**

Davi sabia que não era a armadura que o habilitava para a vitória, mas sim sua identidade como filho do Senhor dos Exércitos. Essa mesma verdade se aplica a você, pois assim como Davi, você tem sua identidade firmada em Deus. Quando ele se posicionou diante de Golias, não o fez por sua própria força, mas em nome do Senhor dos Exércitos.

> Davi, porém, disse ao filisteu: — Você vem contra mim com espada, com lança e com dardos, mas eu vou contra você em nome do Senhor dos Exércitos, o Deus dos exércitos de Israel, a quem você desafiou. (1Samuel 17.45)

Assim como Davi, você é filha do Senhor dos Exércitos. As pessoas podem frustrar suas expectativas, caluniar ou tentar rotulá-la, mas Deus conhece seu nome. Ele criou, justifica e identifica você, também é ele quem libera o seu destino.

Agora, pergunte a você mesma: qual é o meu posicionamento quando alguém me frustra ou decepciona? Estou tentando vestir a armadura de outra pessoa ou confiando em quem Deus me criou para ser? Tenho vivido de acordo com a minha identidade para vencer os gigantes em minha vida?

Seja como Davi. Rejeite o que não se encaixa em quem você é, aquilo que não lhe serve, e abrace a armadura da sua verdadeira identidade em Cristo. Essa é a armadura que capacitará você para vencer, sua identidade no Senhor a habilita para a vitória! As pessoas podem frustrar suas expectativas, mas Deus é perfeito e mesmo quando ele não faz aquilo que imaginávamos ser o melhor, ele não erra. Muitos podem tentar até manchar a sua imagem, caluniar ou rotular você com palavras. Mas a verdade é que:

- **Deus sabe o seu nome!**
- **Deus criou você!**
- **Você é imagem e semelhança do seu Pai Celestial!**
- **Ele justifica você! Ele identifica você!**
- **Ele libera o seu destino!**

Agora, reflita:

Qual seu posicionamento quando alguém frustra ou decepciona você?

Como você tem aplicado sua identidade no Senhor para vencer gigantes?

Capítulo 4

Regando suas promessas

> Então, um deles disse: “Voltarei a você dentro de um ano, e Sara, a sua mulher, terá um filho”. Sara escutava à entrada da tenda, atrás dele. Abraão e Sara já eram velhos, de idade bem avançada, e Sara já tinha deixado de menstruar. Por isso, riu consigo mesma, ao pensar: “Depois de velha e enrugada, e o meu senhor já idoso, ainda terei esse prazer?”. Então, o Senhor disse a Abraão: “Por que Sara riu e disse: ‘Poderei realmente dar à luz, agora que sou idosa?’. Existe alguma coisa impossível para o Senhor? Dentro de um ano, voltarei a você, e Sara terá um filho”. (Gênesis 18.10-14)

Deus fez uma promessa a Abraão e Sara: dentro de um ano, ela teria um filho. As condições eram eram o mais desfavoráveis possível. Ela já apresentava idade avançada, seu marido também, e tudo indicava que Sara havia parado de menstruar. Humanamente falando, tratava-se de um cenário impossível para se gerar um bebê. Mas Deus não precisa de condições favoráveis, porque ele é Deus.

Aliás, uma frase que não sai da minha cabeça quando leio esse texto é: **"Existe alguma coisa impossível para o Senhor?"**. Agora, pare tudo o que está fazendo, feche os olhos por dois minutos e medite nessa verdade. Deixe essas palavras entrarem em seu coração e consumir seus pensamentos. O que parecia impossível para você até ler esse texto?

Sim, é nos cenários mais inesperados da vida que ele entra em cena e faz o impossível se tornar inevitável. Os milagres são a especialidade do nosso Deus. Lembro-me de algo que meu pai sempre me dizia: "Filha, quanto pior, melhor para Deus agir!". Não sei qual cenário você está enfrentando agora, mas quero lembrá-la de que o seu impossível de hoje é a melhor circunstância para o Senhor revelar seu poder. As promessas dele são reais, mesmo que ainda não as tenhamos visto se cumprirem. É questão de tempo para que isso aconteça. Deus não mente, não tarda nem falha; ele está nos preparando para a concretização da promessa.

Gosto de pensar que esse preparo é semelhante ao caso de um filho que ganhará um carro como presente do pai. Ele só o receberá depois de fazer várias aulas na autoescola, ser aprovado nas provas teórica e prática, e tiver a carteira de habilitação em mãos. Nosso Pai também só nos entregará uma bênção quando estivermos prontas e habilitadas para usufruir dela de forma responsável.

Talvez você tenha perdido a esperança, depois de esperar tantos anos para ver uma promessa se cumprir e não ver nada acontecer. Pode ser que já esteja cansada de esperar ou até mesmo tenha "abandonado" suas promessas na prateleira da vida. Mas quero lembrá-la de que Deus está regando suas promessas exatamente agora. Ele está derramando a chuva apropriada em seu coração e fazendo brotar a alegria novamente para que você acredite: a promessa é real!

O tempo *kairós* de Deus

As promessas divinas não acontecem no nosso tempo, mas no tempo perfeito de Deus, o *kairós*. Quantas vezes queremos pular os processos e acelerar o tempo para viver aquela palavra que acabamos de receber, para ver uma porta se abrir ou aquele milagre pelo qual tanto oramos acontecer? Nós nos enganamos por achar que temos algum tipo de controle sobre aquilo que Deus reina e governa com maestria: o tempo. Ele é o dono do tempo.

O tempo certo nos revela muitas coisas. Ele fala sem usar palavras e coloca tudo no seu devido lugar. Pode passar o tempo que for, mas as promessas de Deus se cumprirão na hora certa. Cabe a nós discernirmos isso para passar pelos momentos de incerteza e continuar confiando que Deus está sempre no controle. A Palavra nos afirma que existe um tempo apropriado para cada coisa:

> Para tudo há uma ocasião certa; há um tempo certo para cada propósito debaixo do céu [...]. (Eclesiastes 3.1)

Regar as promessas de Deus é uma prática essencial na caminhada cristã. Muitas vezes, recebemos dele uma palavra, uma promessa que nos enche de esperança e expectativa, mas, com o passar do tempo, se não virmos resultados imediatos, podemos ser tentadas a desistir. Neste capítulo, exploraremos por que é vital regar essas promessas com fé e ações práticas, quais obstáculos costumamos enfrentar nesse processo, e quais estratégias aplicar para continuar regando-as até que se cumpram.

"O tempo não tem boca, mas fala muito; o tempo não tem olhos, mas enxerga as coisas; o tempo não tem cérebro, mas revela muito; o tempo não tem mãos, mas constrói ou destrói."
–Pr. Costa Neto

As promessas de Deus são sementes plantadas em nosso coração. Assim como a semente de uma flor precisa de água, luz e cuidado para crescer, as promessas espirituais também têm de ser nutridas. Regá-las com fé é acreditar que, mesmo quando não vemos nada acontecer na superfície, Deus está trabalhando nas profundezas. As nossas ações são expressões visíveis dessa fé, que demonstram se acreditamos ou não no que ele prometeu.

Entendo perfeitamente que regar as promessas divinas sem parar ou desanimar pode ser desafiador, especialmente quando os resultados não são rápidos ou evidentes. Algumas das dificuldades são:

- Desânimo e dúvida: Quando oramos e não vemos mudanças, a dúvida pode começar a se infiltrar, de modo que questionamos se realmente recebemos aquela promessa de Deus ou se ela algum dia se cumprirá.
- Pressão social: Amigos, familiares ou a sociedade em geral pode tentar nos desanimar, dizendo que estamos perdendo tempo ou enganadas.
- Tempo prolongado: Uma longa espera pode ser exaustiva. Quando o tempo passa e nada parece mudar, é fácil perder o foco e a perseverança.
- Circunstâncias contrárias: Muitas vezes, as situações ao nosso redor parecem contradizer a promessa, levando-nos a questionar se estamos no caminho certo.

Estratégias práticas para continuar regando as promessas de Deus

Mesmo diante de grandes e muitos desafios, não pense em desacreditar das palavras do Senhor. Aqui estão dez estratégias práticas que você pode aplicar para continuar regando as promessas em sua vida, mesmo quando os resultados ainda não são visíveis:

- Jejum e oração: Considere jejuar e orar especificamente pela promessa que está regando. O jejum ajuda você a focar, tanto a mente quanto o espírito, em Deus; assim as distrações perdem a influência.
- Mantenha um diário de oração: Escreva as promessas que Deus lhe deu e as orações que você fez a esse respeito. Revisite essas anotações regularmente para lembrar-se do que ele lhe prometeu e como tem sido fiel em sua vida.
- Declaração diária: Faça uma lista de versículos bíblicos relacionados à promessa e declare-os em voz alta todos os dias. Isso ajuda a fortalecer sua fé e manter seu foco na Palavra de Deus.
- Cercar-se de pessoas de fé: Conecte-se com pessoas que compartilham sua fé, que podem orar com você e encorajá-la a continuar regando suas promessas.
- Servir aos outros: Enquanto espera que sua promessa se cumpra, sirva aos outros. Isso mantém sua perspectiva correta e ajuda você a cultivar um coração aberto e cheio de amor.
- Meditação e reflexão: Reserve tempo para meditar na Palavra de Deus e refletir sobre as promessas dele. Assim você se conectará com o Senhor de forma cada vez mais profunda e fortalecerá a sua fé.
- Visualize: Experimente imaginar a promessa do Pai já realizada em sua vida. Desse modo será mais fácil manter a expectativa e a esperança vivas.
- Agradecimento antecipado: Comece a agradecer a Deus pela concretização da promessa antes mesmo de vê-la

acontecer. A gratidão ativa a fé e abre espaço para que o Senhor opere.

- Estabeleça metas pequenas: Quando recebemos uma promessa, muitas vezes há algo que devemos fazer a respeito disso; aquilo que é impossível só Deus faz, mas certos passos são nossa responsabilidade. Então reparta o processo em pequenos passos e estabeleça metas realistas. A cada pequeno passo dado em fé você rega um pouco mais a promessa.
- Persistência na Palavra: Leia e medite continuamente na Bíblia, procurando promessas e exemplos de pessoas que esperaram em Deus e viram as palavras do Senhor se cumprirem. Isso reforça a fé e encoraja a persistência.

A história de Corrie ten Boom: uma vida regada com fé

Corrie ten Boom[1], uma cristã devota e corajosa, é um exemplo inspirador de mulher que regou as promessas de Deus em meio a circunstâncias inimagináveis e colheu a vitória sobre o sofrimento. Nascida em 1892, na Holanda, Corrie foi criada em uma família cristã dedicada e, desde jovem, aprendeu a importância de confiar em Deus e servir aos outros.

A promessa e o chamado

Durante a Segunda Guerra Mundial, Corrie e sua família sentiram um forte chamado divino para ajudar a proteger os judeus perseguidos pelos nazistas. Eles sabiam dos riscos, mas a promessa de

---

1 Todas as informações acerca da história de Corrie ten Boom foram retiradas do livro O Refúgio Secreto. TEN BOOM, Corrie. **O Refúgio Secreto.** 1. ed. São Paulo: Publicações Pão Diário, 2021.

Deus de que ele seria seu protetor e guia lhes deu coragem para agir. A casa dos ten Boom se tornou um refúgio secreto para judeus, onde muitas vidas foram salvas.

> O Senhor é a minha luz e a minha salvação; a quem temerei? O Senhor é o meu forte refúgio; de quem terei medo? (Salmos 27.1)

O sofrimento e a perseverança

Em fevereiro de 1944, a casa dos ten Boom foi traída, e Corrie, com sua irmã Betsie e seu pai, foi presa pelos nazistas. O pai de Corrie morreu pouco tempo depois de ser encarcerado, então ela e Betsie foram enviadas para o campo de concentração de Ravensbrück, na Alemanha. A realidade por lá era brutal: fome, frio, doenças e ameaça de morte constante.

Mesmo assim, Corrie e Betsie continuaram a regar as promessas de Deus no coração. Elas oravam juntas, encorajavam outras prisioneiras e compartilhavam a Palavra, muitas vezes arriscando sua própria vida para levar esperança a outras mulheres. O exemplo delas lembra-me imediatamente daquilo que Paulo afirma aos romanos:

> Pois estou convencido de que nem a morte, nem a vida, nem os anjos, nem os demônios, nem o presente, nem o futuro, nem poderes, nem altura, nem profundidade, nem ninguém em toda a criação será capaz de nos separar do amor de Deus que está em Cristo Jesus, o nosso Senhor. (Romanos 8.38-39)

Corrie e Betsie entenderam que a promessa do Senhor estava se cumprindo, pois elas encontravam refúgio nele em uma realidade devastadora pela perspectiva humana. Por mais que estivessem fisicamente presas, a alma delas contemplava o amor de Deus.

"Nunca tenha medo de confiar um futuro desconhecido a um Deus conhecido."

– Corrie ten Boom

> “Como menores abandonados ao redor de uma fogueira, nós nos reuníamos em volta dela, abrindo nossos corações para o seu calor e luz. Quanto mais escura a noite ao nosso redor ficava, mais brilhante e verdadeira, e mais bela, brilhava a palavra de Deus... Eu olhava ao redor enquanto a Betsie lia, observando aquela luz pular de um rosto para o outro. Mais que vencedores... Não era um desejo, era um fato. Eu sabia, eu o vivenciei, a cada minuto — pobres, odiadas e famintas. Somos mais que vencedores. Não ‘seremos’. Nós somos!”.[2]

A vitória sobre o sofrimento

Betsie morreu em dezembro de 1944, mas Corrie ainda pôde participar de outros milagres de Deus em vida. Pouco antes do Ano Novo, ela foi libertada de Ravensbrück, devido a um erro administrativo. Corrie voltou para a Holanda, devastada pela guerra, mas carregando as promessas de Deus em seu coração. Ela não só sobreviveu, mas prosperou na missão que o Senhor havia colocado em seu coração.

Após a guerra, Corrie cumpriu o desejo de sua irmã Betsie, abrindo um centro de recuperação para vítimas da guerra. Ela também viajou pelo mundo, compartilhando seu testemunho e a mensagem de perdão e esperança em Cristo. Corrie regou a promessa de Deus com fé e ação prática, mesmo em meio a um imenso sofrimento, e ele a usou poderosamente para impactar milhares de vidas.

“Deus não apenas nos resgata; ele redime e transforma nossa vida. O que começa como uma

---

2 Hoover, Christine. “Obrigada, Deus, pelas Pulgas”. Como Encontrar Coragem em O Refúgio Secreto. Publicação disponível em: https://coalizaopeloevangelho.org/article/obrigada-deus-pelas-pulgas-como-encontrar-coragem-em-o-refugio-secreto/

semente regada em lágrimas, floresce em testemunho regado de graça. Regue as promessas de Deus, mesmo quando o solo parecer seco e o céu escuro, porque a colheita do Pai é sempre abundante."

A história de Corrie ten Boom é um poderoso testemunho do que significa regar as promessas de Deus com perseverança, ainda que tudo em volta pareça desmoronar. Ela nos mostra que, mesmo nos momentos mais sombrios, quando o desespero tenta esmagar a esperança, Deus está presente, sustentando-nos com sua graça e força. Podemos notar que a fé de Corrie estava enraizada na certeza de que o Senhor é fiel e jamais falha em cumprir as promessas que faz. Sua vida foi um reflexo constante dessa confiança.

Observando a trajetória de Corrie, também nos lembramos de que as promessas de Deus não são apenas para nós; elas são para todos que nos cercam. Ao regarmos essas promessas, estamos preparando o caminho para que outros também experimentem a bondade e a fidelidade do Pai. Corrie não somente sobreviveu ao Holocausto; ela prosperou espiritualmente e tornou-se um canal de bênçãos para muitos. Sua decisão de perdoar aqueles que a feriram e dedicar sua vida à cura dos outros é uma poderosa lição de como podemos viver as promessas de Deus de forma prática e impactante.

Além disso, ela nos ensina sobre a importância de não desistirmos, ainda que a espera se prolongue. Corrie esperou por anos, enfrentou a perda de pessoas queridas e sofreu profundamente, mas nunca deixou de regar a promessa de que o Senhor tinha um plano maior. Essa perseverança é crucial para nós hoje. Vivemos em um mundo em que a instantaneidade é supervalorizada, porém as promessas de Deus muitas vezes exigem tempo para serem cumpridas. Precisamos cultivar a paciência e a confiança, sabendo que o nosso Pai trabalha em um tempo perfeito, quer possamos ou não perceber.

Finalmente, Corrie nos mostra que a verdadeira vitória em Cristo não é medida pelo sucesso externo, e sim pela fidelidade interna àquilo que Deus nos chamou para fazer. Ela nos inspira a continuar regando as promessas divinas, mesmo que isso signifique enfrentar o sofrimento com coragem. Se permanecermos fiéis, o Senhor transformará nossa dor em algo belo, nossa fraqueza em força, e nossas lágrimas em alegria. Que possamos, como Corrie ten Boom, ter uma vida que reflete a profunda convicção de que as promessas de Deus são verdadeiras, poderosas e dignas de serem regadas até o fim.

É TEMPO DE FLO RES CER.

Capítulo 5

Raízes profundas

Raízes profundas são a base de uma vida cristã forte e permanente. São elas que nos sustentam durante as tempestades da vida, nos mantêm firmes quando os ventos da adversidade sopram e nutrem nossa alma com a Verdade e a presença de Deus. Assim como uma árvore precisa de raízes profundas para alcançar água e nutrientes, nós também precisamos desenvolver raízes espirituais que nos conectem profundamente ao nosso Pai.

Pare para pensar em certas circunstâncias da sua vida: talvez você esteja enfrentando desafios no casamento, na criação de seus filhos ou no ministério. Se suas raízes são curtas, esses desafios podem facilmente derrubá-la, mas se elas são profundas, você é capaz de permanecer firme, nutrida pela força sobrenatural que vem de Deus. É o que afirma a Palavra:

> Bem-aventurado o homem que não anda no conselho dos ímpios [...]. Ele é como árvore plantada junto a correntes de águas, que, no devido tempo, dá o seu fruto, e cuja folhagem não murcha [...]. (Salmos 1.1,3)

No livro "Enraizado", de Banning Liebscher, o autor destaca como Deus trabalha em nós em "lugares escondidos" para formar um alicerce forte em nosso interior. Assim como Davi, que passou anos no anonimato antes de se tornar rei, nós também precisamos de tempo no "solo da intimidade", onde o Pai nos leva ao amadurecimento longe dos holofotes.

Considere sua vida diária, o tempo que você passa orando em silêncio, estudando a Palavra de Deus e servindo em sua igreja local; coisas que faz mesmo quando ninguém vê. Esses momentos são essenciais, são como a água e os nutrientes que alimentam as suas raízes, preparando-a para os desafios e responsabilidades maiores que Deus tem para você.

Nove exemplos de lugares escondidos nos quais Deus desenvolve as nossas raízes

No silêncio da madrugada

Talvez você, leitora, esteja acordando antes de todos na casa, aproveitando o silêncio da madrugada para ter um momento de quietude com Deus. Esse tempo, antes de o Sol nascer, é precioso. Enquanto o mundo ainda dorme, você abre a Bíblia e ora. Nesse lugar escondido, Deus está nutrindo sua alma, fortalecendo suas raízes espirituais para que possa enfrentar os desafios do dia como mãe, esposa e profissional.

No dia a dia na cozinha

Quem sabe você não esteja na cozinha agora, preparando as refeições do dia para sua família. Pode parecer uma tarefa simples e rotineira, mas enquanto você pica os legumes ou mexe o arroz, orando silenciosamente por cada membro da sua família, Deus vê seu coração e ouve suas orações. Nesse lugar escondido, ele está fortalecendo suas raízes de intercessão e moldando-a como uma mulher de fé.

No trânsito da cidade

Talvez você passe boa parte do seu dia no trânsito, dirigindo para o trabalho ou para buscar seus filhos na escola. Esse tempo, que poderia ser visto como um incômodo, é transformado em um momento de encontro com Deus. Enquanto você dirige e ouve louvores, reflete sobre a Palavra e ora, ele está aprofundando suas raízes na paciência, na confiança e na dependência dele.

No banho tranquilo

Pode ser que, no meio da correria do dia, o único momento de silêncio que você encontra é na hora do banho. Durante esses minutos, enquanto a água corre, você se desliga do mundo e se conecta a Deus. Esse lugar escondido, longe das distrações, torna-se um espaço em que o Senhor renova suas forças e aprofunda suas raízes espirituais, preparando-a para os desafios diários.

Na igreja vazia

É possível que, durante a semana, você decidiu ir à igreja, mesmo sem culto ou reunião nenhuma acontecendo. Sentada em um banco vazio, busca a presença de Deus em silêncio, longe dos olhares dos outros. Nesse lugar escondido, o Pai está trabalhando em seu coração, alinhando seus pensamentos aos dele e fortalecendo suas raízes na confiança total na soberania divina.

Em um quarto de hospital

Talvez você esteja passando por um momento difícil, acompanhando um ente querido no hospital. Sentada ao lado da cama, sentindo-se impotente, você ora e clama a Deus. Nesse lugar de vulnerabilidade, o Senhor está aprofundando suas raízes na fé e compaixão, mostrando que, mesmo nos momentos de maior dor, ele está presente, moldando seu caráter e fortalecendo sua confiança nele.

No sofá da sala

Talvez, após um longo dia, você se encontre sozinha no sofá da sala, refletindo sobre tudo o que aconteceu. Enquanto a casa está em silêncio, você entrega suas preocupações ao Pai e busca a paz que só ele pode oferecer. Esse lugar escondido, na quietude da noite, é onde Deus desenvolve suas raízes na confiança e no descanso que há na presença dele, renovando suas forças para o dia seguinte.

Na caminhada matinal

Quem sabe você tenha adotado o hábito de fazer caminhadas matinais, buscando um tempo de renovação antes de começar a dar conta das responsabilidades do dia. Durante essa caminhada, você conversa com Deus, entregando a ele seus medos, sonhos e desejos. Cada passo dado é um momento em que o Pai aprofunda suas raízes de esperança, preparando você para os desafios que estão por vir.

Na biblioteca silenciosa

Talvez você tenha encontrado um refúgio em uma biblioteca silenciosa, onde pode se dedicar à leitura da Bíblia ou de um livro devocional. Ali, onde o mundo exterior parece desaparecer, se torna um espaço de encontro íntimo com Deus. Nesse ambiente de estudo e reflexão, suas raízes estão sendo nutridas pelo conhecimento da Palavra e pela sabedoria divina; o Senhor está preparando você para aplicar essas verdades em sua vida diária.

Desenvolver raízes profundas é essencial para uma vida cristã firme e frutífera. No entanto, há desafios comuns que podem impedir esse crescimento, como distrações, comparações e o medo de falhar.

Desejo ajudá-la, neste instante, a refletir sobre esses obstáculos e lhe oferecer soluções práticas para superá-los.

Distrações: como superá-las e focar no que importa

Distrações são um dos maiores inimigos do desenvolvimento de raízes profundas. Em um mundo repleto de tecnologia, responsabilidades e demandas, é fácil perder o foco em nossa caminhada com Deus. Aqui estão alguns perfis de mulheres que podem se identificar com esse desafio:

A agitada

- **Perfil:** Essa mulher vive em uma correria constante. Ela administra a casa, o trabalho, as demandas dos filhos e tenta encontrar tempo para suas atividades pessoais. O problema é que, quando se propõe a orar ou ler a Bíblia, não consegue ter foco, pois sua mente está em mil lugares diferentes.
- **Desafio diário**: Reserve em sua agenda um "momento de pausa". Desligue todos os aparelhos eletrônicos, encontre um lugar tranquilo, e dedique esse tempo exclusivamente à oração e à meditação na Palavra. Conte com a graça de Deus para ajudá-la a focar na presença dele.

A conectada às redes

- **Perfil:** Ela começa o dia checando as redes sociais, passa horas respondendo mensagens, assistindo a vídeos e lendo notícias. Antes que perceba, seu tempo devocional foi engolido.
- **Desafio diário:** Estabeleça um horário específico do dia para usar as redes sociais, preferencialmente após o seu tempo com Deus. Configure alarmes para lembrá-la de quando é hora de parar e

desconectar das mídias sociais. Comece o dia com a leitura da Bíblia, faça isso antes de qualquer outra coisa.

A sobrecarregada

- **Perfil:** Ela cuida dos outros constantemente — dos filhos, do cônjuge, de parentes —, e sente que nunca tem tempo para ela mesma. Sua vida é uma constante prestação de serviço, e ela se esquece de cuidar da própria saúde espiritual.
- **Desafio diário:** Delegue uma tarefa a alguém da sua família ou círculo de amigos, liberando 20 minutos do seu dia para se dedicar ao seu crescimento espiritual. Use esse tempo para ler um devocional, orar ou simplesmente ficar em silêncio na presença de Deus.

A perfeccionista

- **Perfil:** Ela é detalhista e busca fazer tudo com excelência. No entanto, essa busca pela perfeição a impede de iniciar ou concluir seu tempo devocional, pois nada parece ser "bom o suficiente" para ela.
- **Desafio diário**: Adote uma abordagem simples para o seu tempo com Deus. Comece com um versículo ou uma oração curta, sem se preocupar com a perfeição. Lembre-se de que o nosso Pai valoriza o coração disposto mais do que o desempenho perfeito.

Comparações: como vencê-las e abraçar sua jornada única

A comparação rouba a nossa alegria e é um obstáculo significativo para o nosso crescimento espiritual. Ela nos faz olhar para o que os outros têm ou são, desvalorizando o que Deus nos deu e a forma única que nos fez. Veremos como isso pode se manifestar em diferentes áreas da vida e como superar esse desafio:

Na igreja

- **Exemplo:** Talvez você veja outra mulher na igreja que parece ter uma vida de oração impecável, serve em várias áreas e é sempre chamada para liderar. Então se sente inadequada em comparação a ela e começa a questionar seu valor e sua contribuição.
- **Solução:** Reconheça que Deus deu a cada pessoa dons e chamados específicos. Em vez de se comparar, pergunte ao Pai onde ele quer usar você e busque oportunidades para servir conforme os dons que você tem. Celebre as conquistas das outras e saiba que seu papel é único e necessário no Corpo de Cristo.

No trabalho

- **Exemplo:** Você observa suas colegas de trabalho serem promovidas ou receberem elogios, enquanto você se sente estagnada. Isso gera um sentimento de inferioridade e frustração.
- **Solução:** Foque em desenvolver suas habilidades e talentos independentemente do que acontece com os demais. Peça a Deus que a guie em sua carreira e confie que ele abrirá as portas certas no tempo certo. Lembre-se de que o sucesso dos outros não diminui seu valor.

Nos relacionamentos

- **Exemplo:** Vendo casais aparentemente perfeitos, quem sabe você não comece a se sentir insegura sobre seu próprio relacionamento, comparando-se com a vida que os outros mostram nas redes sociais.
- **Solução:** Trabalhe para fortalecer seu relacionamento com base na comunicação e na oração. Lembre-se de que o que vemos nas redes sociais nem sempre reflete a realidade. De qualquer forma, sendo os outros casais admiráveis ou não, concentre-se em

construir uma relação saudável e satisfatória entre você e seu esposo, noivo ou namorado. Se for solteira, cuide para ser uma excelente filha, amiga, líder, etc.

Na internet

- **Exemplo:** As comparações na internet podem ser devastadoras. Você vê mulheres que parecem ter tudo — beleza, sucesso, família perfeita — e começa a se sentir inadequada.
- **Solução:** Limite seu tempo nas redes sociais e siga apenas perfis que a inspiram e edificam. Foque em sua jornada pessoal e lembre-se de que sua identidade e valor vêm de Deus, e não da aprovação dos outros.

Na família

- **Exemplo:** Comparar-se com membros da família, como irmãs ou primas, tende a gerar inveja e competição. Você pode sentir que não atingiu os mesmos níveis de sucesso ou felicidade delas.
- **Solução:** Valorize suas próprias conquistas e celebre as diferenças entre você e seus familiares. Deus tem um plano único para cada um, e sua jornada é exclusivamente sua. Aprecie suas vitórias pessoais e reconheça que o Senhor está trabalhando em sua vida, mesmo que em um ritmo diferente.

Medo de falhar: como superá-lo e confiar no plano de Deus

O medo de falhar pode paralisar e impedir que você alcance todo o potencial que o Pai tem para sua vida. Esse medo surge em diferentes áreas, mas Deus nos chama a confiar nele e a dar passos de fé, ainda que o medo persista.

Na área profissional

Exemplo: Você pode estar hesitante em aceitar uma promoção ou em assumir um novo desafio porque tem medo de não ser capaz de atender às expectativas de seus superiores.

Solução: Lembre-se de que Deus equipa aqueles a quem ele chama. Dê pequenos passos de fé, confiando que o Senhor estará com você em cada nova responsabilidade. Ore por sabedoria e busque apoio em colegas de confiança para se preparar e se tornar uma profissional mais excelente a cada dia.

Nas conquistas pessoais

Exemplo: Talvez você esteja adiando a realização de um sonho pessoal — como voltar a estudar, por exemplo —, porque teme não ser capaz de conciliar todas as suas demandas ou não ter sucesso nessa nova empreitada.

Solução: Estabeleça metas pequenas e alcançáveis, e comece a trabalhar nelas dando um passo de cada vez. Confie que o Espírito Santo é o seu ajudador e que ele guiará seus passos. Se for preciso, não tenha medo de recomeçar ou tentar novamente, sabendo que cada tentativa é uma oportunidade de aprendizado.

Nos dons que Deus lhe deu

Exemplo: Você sente que Deus lhe deu um dom, como ensinar ou liderar, mas tem medo de se expor e ser julgada ou, de alguma forma, falhar no exercício desse dom.

Solução: Lembre-se de que seus dons são para a glória do Pai e para o benefício dos outros. Comece a exercê-los em pequenos grupos ou outros ambientes seguros, e permita que Deus desenvolva sua confiança e habilidade. Confie que ele está com você em cada passo, e que mesmo os seus erros podem ser usados para o seu crescimento.

Havia uma mulher chamada Marta, conhecida por ser extremamente ocupada e, digamos, um tanto resistente à ideia de parar para aprofundar suas raízes espirituais. Marta era o tipo de pessoa que estava sempre correndo, de um lado para o outro, tentando fazer tudo ao mesmo tempo. Ela tinha uma lista interminável de tarefas, e se determinou a completar cada uma delas com perfeição. Em uma tentativa de aproveitar o tempo, Marta decidiu que, enquanto cozinhava, também poderia ouvir um podcast, responder alguns emails e organizar o armário da cozinha. Ela se movimentava como um furacão pela casa, tentando manter tudo em ordem.

Em determinado momento, Marta decidiu que precisava "espiritualizar" sua rotina. Ela comprou vários livros devocionais, baixou um aplicativo de meditação cristã, e começou a participar de todos os grupos de oração da igreja. Ao invés de se acalmar e focar em Deus, ela simplesmente adicionou mais tarefas à sua lista de demandas que já era caótica. Marta lia os devocionais em pé na cozinha, enquanto mexia o molho, e orava enquanto corria para o supermercado. No grupo de oração, enquanto os outros fechavam os olhos e se concentravam, ela abria os olhos para verificar a lista de compras no celular.

Um dia, no meio de uma oração em grupo, Marta acidentalmente começou a listar ingredientes para o jantar, confundindo a oração com sua lista de compras: "Senhor, abençoe este dia, e por favor, lembre-me de comprar alho, cenoura, e... ah, desculpe, Deus!". O grupo todo caiu na gargalhada, e Marta finalmente se deu conta de que havia algo errado. Ela estava tentando "enraizar-se" em Deus, mas de uma maneira apressada e superficial.

Marta percebeu que, se continuasse assim, nunca teria raízes profundas em Cristo Jesus. Ela estava tão ocupada, tentando fazer tudo ao mesmo tempo, que esqueceu o mais importante:

parar, respirar, e realmente se conectar intensamente com Deus. E foi aí que decidiu mudar. Marta começou a simplificar sua vida, dedicando tempo de qualidade para estar na presença do Senhor, sem distrações.

A história de Marta, embora engraçada, leva-nos a refletir sobre como podemos facilmente cair na armadilha de tentar dar conta de inúmeras tarefas no dia a dia, sem realmente nos enraizarmos em Deus. Às vezes estamos tão ocupadas, distraídas e preocupadas em nos comparar com os outros ou em evitar falhas, que acabamos perdendo a essência do que significa ter raízes profundas. Não se trata de fazer mais, mas de fazer o que tem de ser feito com intenção e foco, priorizando nossa devoção ao Senhor.

Deus nos chama para uma vida de raízes profundas e bem nutridas. Isso exige que paremos, respiremos, e realmente nos conectemos a ele. Lembre-se: não adianta tentar "espiritualizar" uma vida caótica, precisamos de fato estar dispostas a colocá-la em ordem, temos de desacelerar e permitir que Deus trabalhe em nós. Claro que é sempre bom aproveitarmos o tempo em que estamos cozinhando, dirigindo, caminhando, para orar e agradecer ao Pai, mas uma coisa é orar enquanto fazemos algo, outra é fazer algo enquanto oramos. Há uma diferença significativa. Talvez seja hora de simplificar, de focar no essencial e realmente deixar o Pai enraizar sua vida naquilo que importa: na presença e na Palavra dele.

Então, que tal tomar um tempo agora mesmo para parar, respirar e pedir a Deus que ajude você a aprofundar suas raízes? Deixe que ele remova as distrações, cure as comparações e elimine o medo de falhar. Assim, você crescerá forte e firmemente enraizada no incomparável amor do Pai.

Capítulo 6

Tempo da entrega: outono

Você está pronta para fazer história com Deus? Então esteja pronta para entregar. A história de Abraão nos ensina algo profundo sobre a entrega. Em Hebreus 11.17-19, lemos sobre o momento em que o Senhor colocou Abraão à prova, pedindo que ele entregasse seu filho, Isaque, como sacrifício. Isaque era a promessa de Deus para Abraão, o filho por meio do qual muitas nações seriam geradas. Mesmo assim, em um ato de obediência e fé, Abraão se dispôs a entregar aquilo que mais amava.

> Foi pela fé que Abraão, quando Deus o quis pôr à prova, ofereceu o seu filho Isaque em sacrifício. Deus tinha prometido muitos descendentes a Abraão, mas mesmo assim ele estava pronto para oferecer o seu único filho em sacrifício. Deus lhe tinha dito: "Por meio de Isaque é que você terá descendentes." Abraão reconhecia que Deus era capaz de ressuscitar Isaque, e, por assim dizer, Abraão tornou a receber da morte o seu filho Isaque. (Hebreus 11.17-19, NTLH)

Agora, pense em você. Se é mãe, imagine ter de oferecer seu filho como sacrifício. Como isso mexeria com o seu coração? Eu mesma, sendo mãe de três filhos, mal consigo imaginar essa possibilidade. Dói só de pensar! Mas Abraão fez isso porque conhecia profundamente o Deus a quem servia. Ele estava confiante na fidelidade do Senhor, e que a vontade dele era superior a qualquer coisa. Abraão foi conduzido pela fé, uma fé firmada na intimidade com o Pai. A verdade é que quanto mais conhecemos a Deus, mais prontas estamos para entregar.

Abraão sabia que não estava entregando seu filho para a morte, mas entregando-o para Deus, que tem o controle de tudo. E foi exatamente por isso que ele não hesitou em obedecer-lhe. Ele sabia que sua confiança estava no Deus da promessa, não na promessa em si; a promessa não ocupava o trono de seu coração, o qual pertence só ao Senhor.

Aqui está uma verdade transformadora: **você pode ter tudo aquilo que não tem o seu coração**. Não há problema em ter coisas, sonhos, ou mesmo promessas, a questão é quando essas coisas ocupam o lugar de Deus. Quando algo, ou alguém, assume o trono do qual só Deus é digno, tornamo-nos escravas disso.

Mas, quando nosso coração é totalmente dele, podemos desfrutar das bênçãos sem nos perder. Como filhas de Deus, nascemos para adorá-lo. Acontece que, desde o início dos tempos, vemos como ídolos se levantam para tentar roubar nosso foco e nossa adoração. Isso acontecia desde os tempos mais antigos, em que estátuas de deuses pagãos eram construídas, e continua até hoje em nosso meio, com uma aparência diferente. Sejam bens materiais, conquistas pessoais, relacionamentos ou sonhos, qualquer coisa pode se tornar um ídolo se não soubermos entregar o que quer que seja a Deus.

Eu mesma já passei por várias situações em que tive de aprender a não me apegar. Desde que me casei com o André, já nos mudamos 15 vezes. Parece loucura, mas essa constante mudança me ensinou

"VOCÊ PODE TER TUDO AQUILO QUE NÃO TEM O SEU CORAÇÃO."

a não viver apegada às coisas materiais. Não havia tempo para criar raízes em bens ou lugares, pois a cada nova mudança Deus nos conduzia a algo maior. Porém confesso que nossa última mudança foi a mais difícil.

André e eu estávamos morando nos Estados Unidos havia quatro anos, plantando uma igreja imigrante em Miami. Foram anos de muitos desafios, em que estive longe da minha família de origem, enfrentando as dificuldades de adaptação em um novo país, com a barreira da língua e com o processo de imigração em andamento. Durante esse tempo, passamos pela pandemia, e eu engravidei duas vezes. Foi um período intenso, e a única certeza que tínhamos era que Deus estava no controle de todas as coisas.

Durante a pandemia, enquanto eu estava grávida do Benício, iniciamos um propósito de 21 dias de jejum e oração com o pessoal da nossa igreja. Como não podíamos nos reunir presencialmente, decidimos fazer lives todas as noites. André transformou um quarto do nosso apartamento em um estúdio, e todas as noites orávamos ao vivo. O que era apenas para nossa comunidade local rapidamente se expandiu, e pessoas de todo o mundo começaram a se conectar conosco.

Testemunhos de cura começaram a surgir. Pessoas foram saradas enquanto André orava ao vivo. Lembro-me de uma mãe que nos enviou uma mensagem dizendo que seu filho, que havia nascido sem poder andar, colocou os pés no chão e começou a correr enquanto meu esposo orava. Esse é o Deus a quem servimos! Ele cura, faz o impossível acontecer, e não importa onde estamos, ele sempre age.

Logo após a pandemia, Deus nos surpreendeu outra vez. Nossa igreja on-line cresceu exponencialmente; passamos de 1 staff para 27 em um curto período. Estávamos vivendo um tempo de expansão em meio a uma crise global. E foi nesse momento que o Pai nos chamou para entregar o inesperado: nossa permanência nos Estados Unidos. Apesar de tudo estar prosperando, Deus nos conduzia para algo novo.

O outono é a estação em que as folhas caem, preparando a árvore para o inverno e um novo ciclo de vida. Assim como as árvores entregam suas folhas, somos chamadas a entregar aquilo que não podemos controlar, confiando que o nosso Pai está nos preparando para algo maior. Quando entregamos, permitimos que Deus trabalhe em nossa vida de maneiras que talvez não entendamos no momento.

Se paramos de tentar controlar o resultado e simplesmente confiamos no Senhor, ele abre portas que jamais imaginamos. O tempo da entrega não é fácil, mas é necessário. Muitas vezes, achamos que estamos perdendo algo, mas, no fundo, Deus está nos preparando para o novo. Como no outono, precisamos soltar as folhas antigas para que novas possam nascer quando a primavera chegar.

O outono é uma estação de transição, um momento em que a natureza passa por mudanças tanto visíveis quanto profundas. As folhas caem das árvores, as flores perdem o brilho e muitas plantas começam a parecer secas e sem vida. Para quem olha de fora, pode parecer uma estação de perda ou até de morte. Mas o que acontece, de fato, no interior das árvores e flores durante o outono nos ensina uma grande lição espiritual. O outono é um processo necessário para que novas formas de vida possam florescer nas próximas estações, e Deus nos permite passar por nossos próprios "outonos" para nos ensinar a depender mais profundamente dele.

Durante o outono, as folhas das árvores caem porque o processo de fotossíntese diminui à medida que os dias ficam mais curtos e as temperaturas são reduzidas. As folhas, que antes eram o meio pelo qual as árvores absorviam luz e energia, deixam de ser necessárias e são eliminadas. Enquanto as folhas caem e tudo parece estar morrendo, algo fundamental acontece no interior das árvores: as raízes se aprofundam, buscando por mais nutrientes no solo. Ao se livrarem das folhas, as árvores conservam energia e se preparam para enfrentar o inverno. Esse processo é crucial para que, na primavera, elas possam florescer com ainda mais força.

Nas flores, algo semelhante ocorre. Elas também perdem suas pétalas, e o que permanece é apenas a estrutura necessária para sua sobrevivência no inverno. Mas, dentro delas, as sementes são protegidas, preparadas para germinar no tempo certo.

Assim como a vegetação precisa passar pelo outono para conservar energia, nós também precisamos passar por tempos de entrega e transição. Às vezes, sentimos que estamos perdendo algo — seja um sonho, seja uma posição, ou até mesmo uma relação. Parece que, espiritualmente, nossas "folhas" estão caindo, e o que antes era florescimento se transforma em um aparente deserto.

De modo semelhante às árvores, que deixam de produzir folhas para conservar energia, às vezes temos de entregar algo que amamos ou que acreditamos ser essencial para que possamos nos concentrar em fortalecer nossas raízes espirituais. João 15.2 nos lembra: "Ele corta todo ramo que, estando em mim [Jesus], não der fruto. E poda todo aquele que der fruto, para que dê mais fruto ainda". O processo de poda pode ser doloroso, mas é necessário para crescermos e frutificarmos de forma ainda mais abundante.

Durante o outono, as árvores concentram sua energia no fortalecimento das raízes. No inverno, quando os ventos fortes e as condições climáticas desafiadoras chegam, são essas raízes profundas que as mantêm firmes. Da mesma forma, quando passamos por "outonos" espirituais, Deus nos chama a aprofundar nossas raízes nele para resistirmos às tempestades da vida.

Especialmente nessa estação, aprendemos a confiar no Pai, mesmo quando não vemos folhas verdes ou frutos. É um tempo em que ele nos ensina a viver pela fé, não pela visão. A ausência de crescimento externo nos força a voltar nossa atenção para dentro, a fortalecer nossa comunhão com Deus e aprender a descansar em sua providência.

Portanto, o outono é um tempo de intimidade. Quando entregamos as "folhas" — ou seja, aquilo que acreditamos que precisamos para prosperar —, estamos dizendo ao Senhor: "Confio que tu sabes o que é melhor para mim". O outono espiritual não é o fim, mas uma preparação para um novo começo. O que Deus está fazendo dentro de nós, na profundidade de nossa alma, enquanto estamos em um período de espera, será manifestado em sua plenitude na estação certa.

A Palavra diz em Isaías 40.31: "[...] mas aqueles que esperam no Senhor renovam as suas forças, voam alto como as águias, correm e não ficam exaustos, andam e não se cansam". Esperar no Senhor, assim como uma árvore espera pela primavera, significa confiar que ele está trabalhando ainda que não possamos vê-lo agir.

O outono nos ensina a ter paciência e confiança, e nos prepara para algo maior que está por vir. Há um detalhe essencial: para viver a plenitude do novo que Deus tem, não podemos olhar para trás. Assim como a vegetação precisa soltar suas folhas velhas, nós precisamos deixar o que já passou e olhar para frente, para o que ele está fazendo agora e para o que ainda realizará.

Na Bíblia, uma das lições mais claras sobre isso vem do relato de Ló e sua esposa (cf. Gênesis 19.15-26). Quando Deus tirou Ló e sua família de Sodoma, ele deu uma ordem clara: "Não olhem para trás!". Era um chamado para deixar o passado, confiar no futuro para o qual o Senhor os conduzia, e seguir adiante. No entanto, a esposa de Ló não conseguiu se desapegar das coisas antigas e, ao olhar para trás, se transformou em uma estátua de sal. Esse ato de desobediência simboliza como, muitas vezes, estamos tão apegadas ao que nos é familiar, mesmo quando isso nos afasta de Deus, que acabamos estagnadas.

Quantas vezes, em nossos próprios outonos espirituais, Deus nos chama a entregar o que é confortável e seguro, mas que nos impede de avançar? Como a esposa de Ló, somos tentadas a olhar para trás, a nos agarrar ao que conhecemos, em vez de confiar no plano de Deus.

Em contrapartida, temos a história da mulher samaritana relatada em João 4. Essa mulher escolheu seguir em frente e desapegar-se do que passou. Ela tinha uma vida marcada por vergonha, culpa e busca incessante por algo que preenchesse o vazio de seu coração. Quando Jesus a encontrou junto ao poço, ela carregava um passado do qual se envergonhava — vários relacionamentos fracassados e uma vida que, aos olhos dos outros, a colocava à margem da sociedade.

Algo incrível nessa história é que Jesus não a encontrou em um grande evento ou em um momento público. Ele a encontrou em um lugar comum, enquanto ela realizava a tarefa cotidiana de buscar água. Jesus, com graça e misericórdia, revelou-se a ela como o Messias, mudando para sempre sua perspectiva sobre quem ela era e qual era o seu propósito. Porém, para viver essa nova identidade, ela precisou deixar para trás tudo o que a definia até aquele momento.

Ela poderia ter olhado para trás, ter ficado presa à vergonha e aos erros do passado, mas, em vez disso, permitiu que o Cristo mudasse sua vida e correu à cidade para contar a todos sobre ele. Um encontro com Jesus a fez entender que sua identidade não estava mais no que passou, e sim no que Deus estava fazendo de novo. Isso é o que acontece quando paramos de olhar para trás: o Senhor nos

Seu passado não a definiu; seu futuro foi transformado pelo poder de um encontro com Cristo.

dá a oportunidade de viver o novo. A mulher samaritana impactou toda uma cidade com seu testemunho. Seu passado não a definiu; seu futuro foi transformado pelo poder de um encontro com Cristo.

Quando olhamos para trás, ficamos presas ao passado

Assim como a mulher de Ló, quando olhamos para trás — para nossos erros, nossas perdas, ou até mesmo para os sucessos do passado —, acabamos nos prendendo a essas coisas e sendo impedidas de seguir em frente. O outono espiritual é o tempo em que Deus nos chama a deixar o passado e avançar para o que ele tem adiante. Se nos agarramos ao que já passou, negamos a oportunidade de florescer no novo.

Pode ser que você tenha passado por um relacionamento difícil, por uma perda dolorosa, ou por uma fase em que tudo parecia desmoronar. O desafio que o Senhor nos propõe no outono é entregar isso a ele e confiar no destino que ele tem preparado para nós. Assim como a mulher samaritana precisou soltar o peso do seu passado para viver o propósito que o Pai reservou para ela, você também é chamada a viver plenamente no agora, no presente de Deus.

Se outono é tempo de entrega, como podemos evitar o impulso de olhar para trás e, em vez disso, avançar em fé? Aqui estão algumas estratégias para permanecer focada no que Deus está fazendo agora:

1 **Aprofunde seu conhecimento de Deus:** Assim como a mulher samaritana começou a ver Jesus de maneira diferente à medida que ele se revelava a ela, o mesmo pode acontecer conosco. Quanto mais buscamos conhecer a Deus, mais aprendemos a confiar em seu caráter e em seus planos. Gaste tempo na Palavra e em oração, buscando conhecer quem o Senhor é e o que ele diz sobre você.

2. **Cerque-se de pessoas de fé:** Quando estamos cercadas por pessoas que compartilham nossa fé, é mais fácil manter o foco no que Deus está fazendo, em vez de ficar presa ao que passou. Conecte-se com amigos e mentores que podem encorajá-la e orar com você, lembrando-a de que o melhor ainda está por vir.

3. **Lembre-se de suas vitórias em Deus:** Assim como o nosso Pai foi fiel no passado, ele será fiel no futuro. Faça uma lista das vitórias e bênçãos que Deus já trouxe à sua vida. Isso a ajudará a confiar que ele continuará agindo em seu favor, mesmo nos momentos de entrega e incerteza.

4. **Defina novos alvos e sonhos com Deus:** O outono espiritual é uma oportunidade para o Senhor plantar novos sonhos em nosso coração. Em vez de olhar para trás, peça a Deus que lhe dê uma visão renovada para o futuro. Ele quer que você floresça em novos propósitos e missões.

5. **Pratique a gratidão diária:** Quando você se concentra no que Deus está fazendo agora, em vez de focar no que já passou, sua visão muda, tornando-se mais confiante. Comece cada dia agradecendo a Deus por suas bênçãos, e mantenha um diário de gratidão para registrar as formas como ele está trabalhando em sua vida.

Levante essa cabeça, mulher!

Este é o seu momento. Não, não é o fim, é apenas o começo de uma nova jornada em Deus. Talvez você tenha se sentido sufocada pelos desafios da vida, perdida em meio às responsabilidades, às pressões e aos medos. Mas hoje algo novo está nascendo dentro de você! **Deus**

está resgatando sua essência, sua autoestima, e sua identidade como filha amada dele.

É hora de se levantar e se enxergar como o seu Pai Eterno sempre viu você: **uma pessoa preciosa**. Desde o ventre da sua mãe, Deus já a formava com um propósito único, com um plano perfeito. Ele nunca errou em sua criação. Tudo o que você passou não foi em vão — foi um processo de formação para o que está por vir.

Pode ser que você tenha perdido a vontade de se arrumar, de se cuidar, de se apresentar bonita. Porém, hoje mesmo, olhe-se no espelho e diga com convicção: **"Olha como eu sou linda! Jesus, eu sou feita à sua imagem e semelhança".** Deus não faz nada sem propósito, e ele fez você com a beleza e a sabedoria que refletem quem ele é. Portanto, faça a sua parte, cuide da pele, dos cabelos e do corpo da melhor forma possível; vista-se com excelência e esteja sempre bem arrumada, tenho certeza de que assim se sentirá de fato muito melhor.

Talvez ninguém tenha elogiado você hoje. Talvez você tenha saído de casa, enfrentado as responsabilidades do dia e, no meio da correria, não tenha ouvido uma palavra sequer de encorajamento. Mas saiba disto: **Deus lhe diz que você é sábia, linda, e escolhida.** Você foi ungida por ele para ter uma vida extraordinária, para influenciar outras pessoas com a sua graça, força e fé.

Levante-se com essa certeza no coração: **você é amada!** Deus conhece cada detalhe da sua vida, cada lágrima que você derramou, cada sonho que parecia perdido. Ele está restaurando todas as coisas. Hoje você começa a viver o novo que ele preparou para você.

Hebreus 12.2 nos lembra de que devemos fixar nossos olhos em Jesus, o autor e consumador da nossa fé. Quando olhamos para ele, entendemos que o caminho não depende das nossas forças, mas da graça que ele derrama sobre nós. **Você não está sozinha**

Você é preciosa.
Você é escolhida.
Você é amada.
Você ainda tem
E Deus ainda tem
grandes coisas para fazer
em sua vida!

nessa caminhada. Deus está ao seu lado, sustentando, renovando e capacitando você. Então, levante essa cabeça e vá ao encontro do que Deus tem para sua vida! O que está por vir é maior do que tudo aquilo que você já viveu. O que parecia ser o fim, agora é apenas o início de uma nova estação. O Senhor está fazendo algo novo em você. **Levante-se, seja corajosa, e viva como a mulher extraordinária que ele a criou para ser!**

Você é preciosa. Você é escolhida. Você é amada. E Deus ainda tem grandes coisas para fazer em sua vida!

O Senhor pode pedir para você entregar algo agora. Talvez seja um sonho, um relacionamento, ou um projeto que você tem guardado com tanto carinho. Talvez seja seu desejo de controle sobre o futuro, sobre seus filhos, ou até sobre seu ministério. Seja o que for, saiba que a entrega é o início de algo maior. Deus nunca pede que entreguemos algo sem ter um plano perfeito preparado para nós.

Assim como Abraão, quando entregamos ao Pai aquilo que temos de mais precioso, ele provê um caminho de esperança. E como na jornada que minha família e eu vivemos em Miami, a entrega pode abrir portas de expansão e de milagres que nunca imaginamos. Esteja pronta para entregar, porque a entrega nas mãos de Deus é o início de um novo tempo.

O outono é o tempo de deixar ir, de confiar no processo e de permitir que o Pai renove sua vida. Você está pronta para entregar e fazer história com Deus?

É TEMPO DE FLORESCER

Capítulo 7

Tempo de espera: inverno

O inverno é a estação em que aparentemente nada acontece. As árvores estão despidas, as plantas hibernam e o solo parece estéril. Mas o que não vemos do lado de fora é como Deus está trabalhando no lado de dentro. Quando você está no "inverno" da vida — aquele tempo de espera e silêncio —, é fácil acreditar que a falta de som ou movimentação significa inatividade. No entanto, o silêncio de Deus não é ausência de ação. Você pode não ver nada, porém algo está acontecendo.

Durante a espera, o Inimigo tentará convencer você de que nada tem mudado. Ele sugerirá que você desista, que recue, que pare de crer. É nesse momento que há uma escolha a fazer: render-se à dúvida e à desistência **ou** caminhar em fé, confiando que Deus está movendo as peças invisíveis do quebra-cabeça da sua vida. O inverno não é o fim; é o começo de uma nova obra que o Pai realiza dentro de você.

Se pudéssemos ver tudo claramente, não teríamos a chance de exercer a nossa fé, pois "[...] a fé é a confiança daquilo que esperamos e **a certeza das coisas que não vemos**" (Hebreus 11.1); consequentemente, não poderíamos agradar o coração de Deus: "Sem fé é impossível agradar a Deus [...]" (Hebreus 11.6). Já os heróis da fé, que mencionei antes, foram homens e mulheres que **confiaram no Pai**, mesmo quando tudo ao redor parecia inerte.

Confiar em Deus no inverno da vida é uma forma de declarar que sabemos que ele está no controle, ainda que os nossos olhos não possam vê-lo operar. Trata-se de uma entrega total nas mãos daquele que não falha e cumpre cada propósito no tempo certo. Como está escrito no livro de Eclesiastes: **"Para tudo há uma ocasião certa; há um tempo certo para cada propósito debaixo do céu"** (3.1). Portanto, saber discernir a estação em que você se encontra é crucial para que possa não apenas suportar o processo, mas desfrutar dele, aproveitando-o para crescer em intimidade com o Senhor.

Quando você entende que está em um tempo de espera, por exemplo, pode evitar as armadilhas da comparação e da distração. Muitas vezes, nós nos frustramos porque olhamos ao redor e nos deparamos com outras pessoas "florescendo" enquanto ainda estamos em nosso "inverno". Vemos seus sucessos, suas conquistas e começamos a nos perguntar por que Deus ainda não fez o mesmo em nossa vida. Nessa hora, o segredo é lembrar que ele trabalha em cada uma de nós em um tempo específico. Sua jornada é única, e o inverno é tão necessário quanto a primavera.

Se você não aceitar a estação que está vivendo, pode se perder no meio do processo. Porém, se discernir que o inverno é um tempo de preparação, espera e confiança, conseguirá passar por ele com paz e gratidão.

A Palavra relata que Jesus deu graças antes de multiplicar os pães e os peixes. Nosso Senhor não esperou o milagre acontecer para ser grato. Ele expressou gratidão antes mesmo de ver o resultado, pois confiava plenamente que o Pai realizaria algo bom: **"Jesus tomou os pães, deu graças e os repartiu entre os que estavam sentados, tanto quanto queriam. O mesmo fez com os peixes"** (João 6.11).

“

GRATIDÃO É A CHAVE QUE TRANSFORMA O TEMPO DE ESPERA EM UM SOLO FÉRTIL PARA O MILAGRE.

”

Assim, Jesus nos ensina que **a gratidão antecede o milagre**. Quando você agradece a Deus, mesmo no tempo de espera, está preparando o terreno para que o milagre suceda. Já a falta de gratidão pode gerar esterilidade em nossa vida. Um coração ingrato se fecha para as bênçãos do Pai, mas um coração verdadeiramente agradecido, até em tempos de silêncio, abre as portas para que o impossível se torne realidade.

Quando você está no inverno da vida, e nada parece acontecer, escolha ser grata. **Agradeça a Deus pelo que ele já fez e ainda fará, honre-o sempre por quem ele é e por sua grandíssima fidelidade.** Lembre-se de que o milagre está a caminho, e sua gratidão é o terreno fértil em que ele brotará. O ato de agradecer, antes de ver o resultado, expressa a nossa fé, que acreditamos em um Deus fiel para cumprir suas promessas.

Esperar no Senhor não é o mesmo que desistir. Muitas vezes, confundimos esse tempo com a inatividade. Mas a verdade é que, enquanto esperamos, Deus está nos moldando, ensinando e preparando para algo maior.

O período de espera é um campo de treinamento em que o Senhor fortalece nossa confiança nele. **A espera é ativa, não passiva.** Durante o inverno da vida, você caminha em fé, sem frutos visíveis, e **a fé é como uma raiz que cresce em profundidade no inverno**. Mesmo que nada pareça florescer na superfície, suas raízes estão se aprofundando, e **no tempo certo você verá o fruto**.

Aprofunde seu relacionamento com Deus

No inverno de alguma área de sua vida, a primeira e mais fundamental estratégia é aprofundar seu relacionamento com Deus. Muitas vezes, no silêncio e na espera, somos tentadas a nos distanciar dele, achando que o Senhor está distante ou inativo. Mas é exatamente nesse tempo que ele nos chama para mais perto dele, para permanecermos em sua presença; nela seremos revigoradas e cheias de esperança. A espera é uma oportunidade para descobrir o que significa depender verdadeiramente de Deus e conhecê-lo de maneiras surpreendentes.

Aprofundar o relacionamento com Deus pode ser desafiador a princípio; mas saiba que há um convite para entrar na presença dele diariamente, e isso é tão importante que deve ser reconhecido como uma necessidade vital. Quando estamos no inverno da vida, em que as distrações do florescimento externo cessam, somos convidadas a mergulhar mais profundamente nas águas da intimidade com o Pai. Imagine o inverno como um deserto, onde não há nada que distraia seus olhos, e a única fonte de vida e sustento é Deus. **Este é o momento em que você pode conhecê-lo de forma mais profunda e verdadeira.**

A oração, a leitura da Palavra e a adoração são as formas pelas quais essa intimidade com ele se constrói. Mas não é apenas sobre praticar uma rotina religiosa; é sobre estar aberta e vulnerável na presença de Deus. **Fale com ele sobre suas frustrações, dúvidas e medos.** Às vezes, nós nos escondemos em orações "formais", dizemos palavras bonitas e rebuscadas, quando o que Deus quer é que nos acheguemos a ele com sinceridade, com o coração aberto, como filhas que falam com o Pai.

Em cada momento de busca pela presença dele, saiba que suas raízes estão crescendo, ainda que não sinta nada. **A profundidade do relacionamento com Deus não é medida por emoções, e sim pela constância, por sua fidelidade ao Senhor.** Quanto mais você se dedica a estar com ele, mais suas raízes espirituais se aprofundam e tornam-se fortes, prontas para sustentá-la ao longo da primavera e todas as outras estações.

Nos momentos de incerteza e silêncio, lembre-se: a Palavra de Deus é viva e eficaz, recorra a ela e você encontrará esperança. Por exemplo, está escrito: **"Sabemos que todas as coisas contribuem juntamente para o bem de todos aqueles que amam a Deus, dos que foram chamados de acordo com o seu propósito"** (Romanos 8.28). Portanto, mesmo quando você não sente que tudo dará certo, saiba que **ele está sempre presente e agindo em nosso favor**.

Desenvolva a gratidão

Como mencionei, a gratidão é uma chave poderosa para vencer o inverno, porque ela nos ajuda a mudar de perspectiva. Quando estamos esperando por algo, é fácil focar no que ainda não aconteceu em vez de reconhecer aquilo que o Pai já fez e está fazendo, e de quão maravilhoso ele é. Mas a gratidão tem o poder de abrir nossos olhos para o que realmente importa. Percebemos que ele já está trabalhando, ainda que invisivelmente.

Agradecer a Deus no meio do inverno é um ato de fé. É dizer a ele: **"Eu não vejo o que está acontecendo, mas sei que o Senhor está no controle e já começou a agir em meu favor"**. A gratidão muda o ambiente ao nosso redor, porque ela nos conecta com a verdade de que Deus é sempre bom, independentemente das circunstâncias. O ato de agradecer tira o foco das nossas necessidades e nos ensina a confiar que ele já supriu e suprirá cada uma delas.

Em momentos de espera, comece sua jornada de gratidão fazendo uma lista diária de agradecimentos. **Mesmo nos dias mais difíceis, sempre há algo pelo que dar graças.** Podem ser coisas simples, como o ar que você respira, o fato de ter acordado ou a comida que tem à mesa. **Gratidão é a ferramenta que Deus usa para transformar**

as nossas perspectivas e preparar o caminho para o que ele está prestes a fazer.

Um coração grato é um terreno fértil para que Deus opere o sobrenatural, como aconteceu no milagre da multiplicação dos pães e peixes. Sendo assim, não se esqueça: **o que você tem nas mãos agora pode parecer pouco, mas quando você agradecer, Deus multiplicará**. A gratidão abre portas, muda corações e traz cura para a alma que espera.

Cerque-se de pessoas de fé

Às vezes, o inverno é solitário, mas não precisa ser assim. Cercar-se de pessoas de fé é uma estratégia poderosa para superar os momentos mais frios e sombrios. Deus nos criou para vivermos em comunidade e, em tempos de espera, ele usa irmãos ao nosso redor para nos fortalecer, encorajar e lembrar das promessas que ele mesmo nos concedeu. **Pessoas de fé atuam como âncoras quando as tempestades da vida ameaçam nos derrubar.**

Imagine a vida como uma grande jornada em que cada uma de nós carrega uma lâmpada. Em momentos invernais, quando sua lâmpada está se apagando, as dos outros podem iluminar seu caminho. **É nessa hora que a comunhão com pessoas de fé faz toda a diferença.** Elas podem orar por você, declarar palavras de encorajamento, compartilhar testemunhos de vitórias que alimentam sua fé e, acima de tudo, caminhar ao seu lado nos dias mais difíceis. Claro que isso não deve substituir sua busca pessoal pela presença de Deus, ou você será semelhante às virgens imprudentes (cf. Mateus 25.1-13). Saiba aceitar ajuda, mas jamais terceirize sua relação com o Senhor.

Busque se conectar com pessoas que tenham uma fé firme, que possam levantar você quando estiver cansada e que a ajudem a

Pessoas de fé atuam como âncoras quando as tempestades da vida ameaçam nos derrubar.

lembrar de que **o inverno é temporário, mas as promessas de Deus são eternas**. Uma boa maneira de fazer isso é por meio de grupos de oração, encontros de estudo bíblico ou até em conversas informais, em que o nome de Deus é exaltado e as promessas dele são lembradas. Nesses momentos, você perceberá que não está sozinha e que o Senhor usa pessoas para fortalecer as nossas raízes durante o tempo de espera.

Pessoas de fé são como árvores plantadas ao seu redor. As raízes delas podem se entrelaçar com as suas, proporcionando suporte e ajuda mútua. A comunhão não apenas fortalece você, mas também os outros. Quando nos reunimos em fé, **o poder de Deus se manifesta de maneiras surpreendentes**.

Lembre-se das promessas de Deus

Durante o inverno, uma das armas mais poderosas que você pode ter é a lembrança constante das promessas de Deus. **O que ele falou sobre sua vida, ele mesmo cumprirá.** Acontece que, em tempos de espera, costumamos nos esquecer do que ele prometeu e nos concentrar no que ainda não se concretizou. Por isso, é vital manter as promessas do Senhor frescas em nosso coração e mente.

Uma estratégia prática, que mencionei antes, mas vale reforçar, é escrevê-las. Crie um diário ou um mural em que você possa anotar versículos, palavras proféticas e tudo o que o Senhor já lhe disse. Nos dias de maior incerteza, volte a essas palavras e lembre-se: **Deus não mente. Ele é fiel para cumprir cada promessa, no tempo certo**.

A Bíblia nos dá diversos exemplos de pessoas que tinham sua vida ancorada nas promessas de Deus. Abraão esperou anos pela promessa de um filho e nunca deixou de crer. Davi foi ungido como rei ainda jovem, mas levou anos para finalmente subir ao trono.

Imagino que tenha sido justamente a lembrança de que **Deus é fiel para cumprir o que prometeu** que sustentou esses homens de fé.

Manter as promessas diante de você a ajudará a perseverar. Nos dias em que a dúvida tentar entrar, declare em voz alta o que Deus disse sobre sua vida. Ao declarar as promessas do Senhor, você está alinhando sua mente e seu coração à mente e ao coração dele. Esse alinhamento é o que fortalecerá suas raízes espirituais durante o inverno.

Espere ativamente

Esperar em Deus não significa ficar parada. **É necessário esperar ativamente, isto é, continuar caminhando em fé, mesmo quando você não vê o fruto imediato de suas ações.** O inverno pode ser um tempo de espera, mas isso não significa que você deva parar de semear, servir ou amar. Ao contrário, continue fazendo aquilo que Deus a chamou para fazer. **A espera ativa é a prova de que você confia que ele está no controle e que, no tempo certo, o fruto virá.**

Um dos maiores erros que cometemos na época de inverno em nossa vida é pensar que devemos esperar de forma passiva, como se estivéssemos estagnadas até que Deus nos mova. Mas o Senhor nos chama para um tipo diferente de espera: ativa, cheia de expectativa e fé. Continue orando, servindo, semeando na vida de outras pessoas. **Deus usa esse tempo para nos moldar e preparar para a próxima estação.**

Imagine uma fazenda no inverno. Nessa estação, o fazendeiro não deixa de cuidar do solo, prepará-lo e assim garantir que, quando a primavera chegar, tudo estará pronto para a colheita. **Você também deve cuidar do solo do seu coração e continuar**

semeando fé. Quando o tempo da colheita chegar, tudo o que você semeou durante a espera florescerá de forma abundante.

A espera ativa nos ensina a confiar plenamente em Deus. **Ao invés de se preocupar, escolha continuar caminhando, sabendo que o Pai está no controle de cada etapa desse processo.** Durante a espera, a tentação de desistir, duvidar ou recuar pode ser grande. **Afinal, o Inimigo sussurra que o silêncio de Deus é a ausência de ação, mas nada poderia estar mais longe da verdade**, pois quer possamos ou não ver com nossos olhos, ele trabalha em favor daqueles que o amam e temem.

Como José, que recebeu uma capa colorida como sinal de um novo tempo em sua vida, você também tem uma capa de promessas de Deus. Porém, o ato de receber a promessa não significa que ela se cumprirá de imediato. **Você passará pelo inverno, tempo de preparo, de espera paciente, em que Deus trabalha no invisível para manifestar o visível no seu tempo perfeito.** José esperou anos para ver seus sonhos se realizarem, e você também deve confiar no processo e na fidelidade do Senhor.

Uma capa nova para um tempo novo

A história de José nos ensina que Deus tem vestes novas para cada uma de nós. Não foi quando ele recebeu a túnica colorida de seu pai, nem quando sonhou, que se tornou governador do Egito e viu seus sonhos se realizarem. Ele teve de passar por um processo de preparação que envolveu traição, dor e prisão (cf. Gênesis 37–41). No entanto, a promessa já estava sobre ele. Da mesma forma, Deus já entregou uma "capa colorida" para você, um símbolo do novo tempo que ele tem preparado.

Talvez, como José, você esteja passando pelo tempo de espera — o seu "inverno" —, em que tudo parece difícil, e os sonhos, distantes. Mas lembre-se de que a capa que Deus lhe deu sempre será sua. A promessa dele é única para você, e ninguém pode impedir os planos do Senhor. Por mais que as circunstâncias tentem desanimar você, saiba que Deus já decretou o novo tempo sobre a sua vida, e o que ele estabeleceu não pode ser desfeito.

Vestindo a roupa que Deus lhe deu

Em momentos de espera, somos tentadas a nos vestir com as roupas erradas — vestes de dúvida, desânimo, medo ou até de comparação. Contudo, o Pai nos chama a vestir as roupas corretas. **Ele tem uma nova veste para você, uma roupa que reflete sua verdadeira identidade nele.** Assim como Davi não usou a armadura de Saul, mas foi para a batalha com a sua própria roupa e sua fé em Deus, você também deve vestir aquilo que seu Pai lhe deu.

Deus chama você para não tentar se adaptar aos moldes do mundo e ser fiel àquilo que ele diz a seu respeito. **Cada mulher tem uma veste única, um chamado especial que o Senhor preparou exclusivamente para ela.** Não tente se ajustar ao que não lhe serve, ao que foi feito para outra pessoa. A sua capa colorida, a sua vestimenta de fé, é o que a habilita a vencer os desafios da vida.

Superando o desconforto da espera

O tempo de espera gera desconforto. José foi rejeitado, traído e vendido como escravo pelos próprios irmãos. A sua túnica de cores, que representava o favor divino, provocou ciúmes e hostilidade. Isso nos ensina que **o processo de Deus muitas vezes gera incômodo**. Quando você carrega uma promessa, nem todos ao seu redor estarão prontos para

"Você deve cuidar do solo do seu coração e continuar semeando fé."

vê-la com essa "capa colorida". Você, porém, não deve permitir que as reações dos outros roubem a alegria do que o Pai preparou para você.

O desconforto faz parte do processo de maturidade espiritual. O inverno é um período em que muitas vezes nos sentimos isoladas ou incompreendidas, mas é nesse momento que Deus trabalha em nossa profundidade. Enquanto espera, saiba que cada lágrima, cada oração e cada passo de fé está construindo algo maior do que pode ver. **Você está sendo preparada para governar, para andar no propósito que Deus designou para sua vida.**

Receba as vestes de alegria e paz

Minha linda, Deus tem vestes novas de alegria e paz para sua vida. No inverno da vida, quando tudo parece desolado, ele veste você com novas roupas. Assim como em **Isaías 61.3**, ele promete trocar a tristeza por uma bela coroa, o espírito deprimido por um manto de louvor. Isso significa que mesmo no tempo de espera podemos experimentar alegria, porque a alegria do Senhor não está ligada às circunstâncias, mas à certeza de que **Deus está no controle de tudo.**

A espera não é apenas um tempo de deserto; **é um tempo de renovação e preparação para algo maior**. É o momento em que Deus tira as vestes antigas — aquelas que pesam e a levam a olhar para trás — e veste você com o novo, capacitando-a para a próxima estação. As vestes de Deus para você são de honra, paz e autoridade. Você não é mais quem costumava ser; ele a está capacitando para reinar.

A promessa já foi liberada

Por fim, saiba que **Deus já liberou promessas sobre a sua vida.** Talvez você ainda não tenha visto nada mudar, mas isso não significa que elas não estejam a caminho de se concretizarem. José foi jogado em um poço, vendido como escravo e preso, só que em nenhum momento a promessa foi revogada. O tempo de espera dele foi parte do plano de Deus para moldá-lo, fortalecê-lo e prepará-lo para o papel de governador.

Deus não falhará em cumprir o que prometeu. Nenhuma palavra dele volta vazia. **Confie no processo e continue vestindo a sua capa colorida**, mesmo que alguns ao seu redor não entendam isso. Eles podem não ver o que Deus está fazendo, mas você deve confiar no Senhor em todo o tempo.

Outro exemplo poderoso de "vestir-se corretamente" pode ser visto na história do jovem Davi. Quando foi enfrentar o gigante Golias, esperavam que ele usasse a armadura do rei Saul. Mas Davi sabia que aquela roupa não era para ele. **Ele vestiu o que sabia usar: sua confiança no Pai e sua simplicidade como pastor.** Ao rejeitar a armadura que não cabia nele, Davi nos ensina que **Deus nos veste com roupas personalizadas para o nosso propósito**. Não precisamos nos adequar aos padrões que o mundo tenta impor, mas confiar que o Senhor já nos equipou com tudo o que precisamos para vencer os gigantes da vida.

Assim como Davi, você também deve colocar as vestes que Deus preparou especificamente para você. Não se deixe pressionar a usar armaduras ou máscaras que não fazem parte do seu chamado. **Vista-se da confiança, da fé e da autoridade que vêm de saber que você é filha do Rei.**

Ester: vestida para o propósito

Ester, uma jovem judia que se tornou rainha da Pérsia, é outro exemplo poderoso de como Deus usa roupas simbólicas para indicar mudanças de estação em nossa vida. Ester passou por um longo período de preparação antes de ser escolhida como rainha. Durante esse tempo, ela foi "vestida" com sabedoria, graça e discernimento. **Assim, quando o momento certo chegou, pôde se posicionar como libertadora do seu povo.**

Mas essa não foi uma jornada simples. Antes de sua grande ação como intercessora, ela teve de enfrentar medos profundos e incertezas sobre seu papel. **O que tornou Ester tão poderosa foi o fato de ter entendido que Deus a tinha preparado para aquele momento específico** (cf. Ester 4). Ela vestiu as roupas da coragem, da obediência e da fé; por conta disso, salvou toda uma nação.

Deus também está preparando roupas específicas para você. Talvez esteja passando por um período de preparação, assim como Ester. Pode ser uma temporada de espera, incerteza e aprendizado. Porém saiba disto: **Deus está vestindo você para o seu propósito e, no tempo certo, ele a chamará para agir**. Quando isso acontecer, esteja pronta para libertar, curar e transformar as vidas ao seu redor.

O manto de louvor no lugar de espírito deprimido

Em Isaías 61.3, vemos uma das promessas mais lindas de Deus para o seu povo: **"dar a todos os que choram em Sião uma bela coroa em vez de cinzas, óleo de alegria em vez de pranto, manto de louvor em vez de espírito deprimido"**. Talvez você tenha vestido as roupas do desânimo, da tristeza ou até da depressão, mas o Pai a convida para trocar essas vestes hoje. **Ele tem um manto de louvor preparado para você, um manto que cobrirá todas as suas feridas, dores e decepções.**

Saiba que o louvor é uma das armas mais poderosas que temos no inverno. Quando vestimos o manto de louvor, declaramos que Deus é maior que as circunstâncias. Estamos dizendo: **"Mesmo que**

Deus está vestindo você para o seu propósito e, no tempo certo, ele a chamará para agir.

eu ainda não veja, confio que o Senhor está trabalhando. Eu o louvo antes da vitória, porque sei que ela já foi decretada no Céu!".

Vestes de justiça e santidade

Deus também nos chama a nos vestirmos com **justiça e santidade**. Em Provérbios 31, a mulher virtuosa é descrita como alguém que se veste de **"linho fino e púrpura"**. Isso significa se vestir com dignidade, honra e integridade. No mundo atual, em que os padrões de comportamento e vestuário são cada vez mais permissivos, o Pai nos chama para sermos diferentes.

Vestir-se de justiça significa caminhar em integridade, viver com sabedoria e ser um exemplo de luz para os outros. Não importa se o mundo à sua volta está dizendo que você deve se adequar às normas de hoje. Deus a chama para ser uma referência de santidade e pureza. Essa santidade não é um peso, e sim uma "roupa" gloriosa que reflete a beleza de Cristo em você.

Troca de vestes: do medo ao propósito

A conclusão mais poderosa que podemos tirar de todos esses exemplos é que Deus nos chama para **uma constante troca de vestes**. Talvez, hoje, você esteja usando roupas que não refletem a sua verdadeira identidade em Cristo. Pode ser que esteja vestida com o medo, com a culpa ou com a insegurança. Porém, o Senhor convida você para tirar essas vestes e colocar roupas novas: **vestes de propósito, coragem e poder**.

Assim como José precisou esperar o tempo certo para ver a promessa se cumprir, e Davi precisou rejeitar a armadura que não lhe cabia, **você também precisa confiar que Deus já preparou as roupas certas para a sua jornada, e elas serão reveladas no**

tempo certo. Essas roupas a equipam para vencer batalhas, interceder pelo seu povo e caminhar com alegria, mesmo em meio às lutas.

Este é o momento de você se levantar e vestir as novas roupas que Deus tem para você. Não espere até que tudo esteja perfeito ou até que você "se sinta pronta". O Senhor é quem a capacita, ele já preparou você. **Ele já lhe deu as roupas certas.**

Pode ser que você precise se vestir de coragem para enfrentar um desafio em sua vida profissional. Talvez necessite vestir a armadura da fé para lidar com um problema familiar. Ou, quem sabe, tenha de vestir as vestes de gratidão e louvor, em meio à dor e ao sofrimento, preparando o solo de sua vida para um milagre. **Seja qual for a roupa que Deus a chama para vestir, vista-a com confiança, sabendo que ele está ao seu lado, guiando e fortalecendo você.**

Levante-se agora, mulher! Este é o seu chamado para se posicionar, romper com tudo que a paralisa e **avançar com ousadia**. Deus a escolheu e separou; agora é a hora de **vestir as roupas que ele reservou para você: vestes de vitória, de fé inabalável, de coragem imbatível!** Não há mais espaço para o medo, para a insegurança ou para as dúvidas. **Você foi chamada para conquistar!**

Desprenda-se agora mesmo das vestes velhas que a sufocam. **O medo não tem mais poder sobre você, a culpa não pode mais prendê-la, nem a comparação roubar sua alegria.** Você foi feita à imagem e semelhança de Deus, **carrega o poder dele em seu interior.** Não importa o que disseram, nem os rótulos que tentaram colocar sobre sua vida, **Deus já lhe deu uma capa de autoridade, uma vestimenta de propósito, e você deve caminhar nessa verdade**.

Vista-se com louvor! Abra sua boca e declare: "Eu sou filha do Rei! Eu sou chamada, capacitada e invencível!". A cada passo que der, **o chão tremerá, as correntes cairão, e as portas se abrirão.**

Não há mais tempo para hesitação. O inverno pode ter tentado fazê-la parar, mas **você é mais forte!** A primavera está chegando e, com ela, a colheita de tudo o que semeou em lágrimas. Agora você colherá com alegria!

Levante-se, minha linda! Você foi chamada para vencer batalhas, para quebrar cadeias e fazer história! **Vista-se com as roupas da fé que move montanhas, do louvor que derruba muralhas e da vitória que Deus já decretou para você!** A sua jornada é de avanço, de conquista, de território tomado. Não há gigante que possa detê-la, **não há circunstância que a possa parar!** Deus é com você, e **onde você pisar, o terreno será seu!**

Este é o seu grito de guerra: "**Com Cristo, eu sou invencível!** Eu sou revestida de força e honra, e nada pode parar o que Deus já decretou sobre a minha vida!". Levante-se, mulher! Vista suas roupas de alegria e vá tomar posse do futuro que o Senhor preparou para você! **O tempo é agora, a vitória já é sua!**

•

É TEMPO DE

FLO
RES
CER

Capítulo 8

É primavera!

É TEMPO DE FLORESCER

Ao compreender a sua identidade, você floresce no propósito para o qual foi criada. Não existe outra forma de viver plenamente a não ser firmada nas verdades que o Criador diz a seu respeito. Uma identidade bem resolvida é a chave que desbloqueia as portas do nosso destino. Nós, mulheres, somos frequentemente bombardeadas com questionamentos acerca de quem somos, porque temos uma influência direta no que diz respeito a moldar a próxima geração. Desde gerar um filho até lhe ensinar princípios, crenças e valores, temos um papel fundamental. E o fato de estarmos conectadas ou não ao nosso propósito influencia – positiva ou negativamente – nossa casa, assim como toda a sociedade em que nos encontramos.

Lisa Bevere disse certa vez: "Você não descobre quem você é na presença das pessoas. Você descobre quem você é na presença de Deus!". Essa revelação foi como uma explosão de clareza para mim. Sempre que dúvidas sobre minha identidade ou meu propósito surgiam, eu corria para meu quarto e orava, colocando diante de Deus as críticas e mentiras que ouvia sobre mim. Assim, quando palavras alheias tentavam me ferir, o Senhor me tranquilizava, lembrando-me que sua luz brilhava sobre mim, independentemente do que os outros pensavam.

Há algo inconfundível na primavera. Quando ela chega, o clima muda, a natureza começa a mostrar cores vibrantes, e o que antes estava oculto, escondido na frieza do inverno, revela-se com uma beleza arrebatadora. **A primavera não vem discretamente** — ela explode em cores, em flores, em vida! As ruas, com seus jardins e árvores, testemunham essa mudança **e, da mesma forma, acontecerá na sua vida. Tudo que estava escondido começará a ser revelado agora. Esse é o tempo!**

Assim como as flores brotam e crescem após o inverno rigoroso, **Deus está trazendo à tona o que ele preparou em você no oculto, na espera, na oração**. Agora é o tempo de ver os resultados, é o tempo de perceber que as sementes que você plantou, que regou com lágrimas e orações, estão começando a florescer. **O inverno foi longo, mas a primavera chegou e, com ela, o cumprimento das promessas do Senhor.**

1 *A primavera é tempo de ver os resultados*

O que parecia estéril e sem vida agora está florescendo! Você se lembra de todas aquelas orações que fez, dos sonhos que guardou com fé, dos projetos que entregou nas mãos de Deus e até daqueles momentos em que pensou que nada estava acontecendo? **Agora, você pode ver o fruto.** Aquela porta que tanto esperava está se abrindo. Aquele relacionamento que parecia uma batalha sem fim está se restaurando. **Deus está trazendo à tona o que ele havia prometido.**

Há tempos em que o Senhor opera de forma silenciosa, e a frieza do inverno parece interminável. Mas a primavera chega para mostrar que **nada foi em vão.** As suas orações, seus jejuns, suas lágrimas, tudo isso a preparava para este momento. **Agora é o tempo de visibilidade, o tempo em que aquilo que estava oculto se manifesta.**

Assim como uma árvore que passou meses sem folhagem, mas agora está carregada de flores, **você está florescendo para o que Deus preparou.** A estação de se alegrar chegou, e a promessa do Senhor está sendo revelada em sua vida!

2 *A primavera revela a essência*

A beleza da primavera não está apenas na visibilidade, mas também na revelação da verdadeira essência das flores. **Assim também é com você.** Deus está revelando ao mundo a verdadeira essência que ele plantou em seu interior. Ao longo do inverno, pode ser que você tenha questionado quem realmente é ou o que o Senhor tem para sua vida, porém esse é o momento em que **sua identidade e seu propósito são revelados.**

Imagine uma semente que foi plantada em solo profundo. Durante todo o inverno, ela estava se desenvolvendo sem que houvesse sinais externos de vida. **No entanto, a semente nunca perdeu sua essência.** E agora, com a primavera, sua verdadeira beleza se mostra diante de todos.

Você foi chamada para brilhar. O que Deus plantou em você não é pequeno, não é insignificante. Ele está revelando seu potencial,

“

SEMENTES GERADAS EM SECRETO FLORESCERÃO!

”

seu chamado e sua essência de uma maneira que **não pode mais ser ignorada**. Na primavera, o que estava no secreto é reconhecido de forma poderosa.

3 *A primavera é admirada*

Quando você floresce, não acontece apenas uma transformação interna — **o florescer é visível**. Assim como as flores chamam atenção onde estiverem, sua vida, sua caminhada com Deus, seu crescimento espiritual se tornam notáveis para os que estão ao seu redor. **As pessoas perceberão a mudança em você.** O que parecia um galho seco agora é uma árvore frondosa, cheia de vida.

Com a primavera vêm **olhares de admiração**, mas também de curiosidade. Algumas pessoas se aproximarão para entender como você passou pelo inverno e agora está florescendo. Outros, que talvez não acreditassem no seu chamado ou no que o Senhor estava fazendo em sua vida, verão com seus próprios olhos que **Deus nunca parou de trabalhar em você**. Haverá momentos em que você será questionada, contudo saiba que **o florescimento que vem dele é inegável**.

Davi passou a ser admirado quando, após anos no campo cuidando das ovelhas, foi ungido rei de Israel. **Deus o preparou no oculto e o revelou no tempo certo.** Assim será com você. **Agora é o tempo de visibilidade, reconhecimento e revelação daquilo que o Pai fez em você.**

4 *A primavera é tempo de visibilidade*

A primavera não pede licença para florescer — **ela simplesmente acontece e se torna visível para todos**. E, assim como a natureza não pode esconder suas flores, **você também não poderá esconder o que Deus está fazendo em sua vida**. Não tente minimizar o que ele tem realizado; **não se esconda quando o Senhor quer que você seja vista**.

Este é o tempo em que Deus a está colocando em lugares de destaque, **ele está lhe dando visibilidade para impactar vidas.** Assim como Ester precisou ir até a presença do rei, você também está sendo chamada para ocupar o lugar que Deus preparou para sua vida nessa estação. **Não tenha medo da visibilidade.** O que você passou no inverno a preparou para este momento de exposição, influência e liderança.

Lembre-se de que Pedro precisou sair do barco para caminhar sobre as águas. Era um ato visível, público, uma oportunidade para manifestar a fé que havia dentro dele. Este é o seu momento de sair do barco, de caminhar sobre as promessas que Deus tem para você e se posicionar no lugar de visibilidade que ele está lhe dando.

5 *A primavera é tempo de transbordar*

A primavera não apenas floresce — ela transborda. As flores não ficam contidas em si mesmas; elas espalham sementes, perfume e beleza onde estiverem. É isso o que Deus quer fazer por meio de você também nessa estação. **Ele quer usá-la para transbordar na vida de outras pessoas.**

Quando o Senhor começa a florescer em você, **não é só para seu benefício.** Ele quer que você seja uma fonte de vida, inspiração e transformação para todos ao seu redor. **Sua primavera é um sinal de que você foi chamada para transbordar na vida de quem a cerca.** Não guarde o que Deus fez só para você — espalhe, compartilhe, inspire outras mulheres que ainda estão no inverno da vida. Sua história, suas orações respondidas, suas vitórias, **tudo isso são sementes para que outras também floresçam.**

Super Bloom: quando o deserto floresce

Há um fenômeno chamado **Super Bloom**, que é um dos espetáculos mais raros e fascinantes da natureza. Ele acontece no sul da Califórnia e é tão raro que, geralmente, ocorre apenas uma vez a cada década. Esse fenômeno transforma áreas áridas, completamente desertas, em verdadeiros tapetes floridos, um mar de flores vibrantes. **O que antes parecia estéril, vazio e sem vida, subitamente explode em cores e beleza.** Então, as pessoas vêm de todas as partes do mundo para testemunhar esse milagre da natureza, para ver com seus próprios olhos o deserto florescer de maneira abundante e inesperada.

Imagine isto: **um vasto deserto, conhecido por sua secura, aridez e incapacidade de sustentar vida visível.** Durante anos, parece que nada bom ocorre por lá. A areia é implacável, o calor é sufocante, e qualquer esperança de ver algo florescer parece absurda. **Mas algo extraordinário acontece.** De repente, após uma estação de chuvas específicas, na medida exata, as sementes que estiveram ocultas sob a terra estéril por um longo período começam a germinar. **Flores de todas as cores brotam por todo o deserto, cobrindo a terra seca com um tapete de beleza inexplicável.**

A raridade do Super Bloom

Esse fenômeno acontece por causa de uma série de fatores precisos que se alinham perfeitamente. Uma quantidade certa de chuva deve cair sobre o deserto durante o inverno, isto é, não pode ser nem demais nem de menos. **A chuva é a chave.** Se houver pouca, as sementes permanecerão dormentes, incapazes de romper a superfície. Se houver muita, elas podem ser "afogadas" e assim deixarem de florescer adequadamente. **É essa medida exata de água** que prepara o solo para receber vida. **É preciso paciência para receber a chuva, para que a terra se prepare, e o deserto, em seu tempo, floresça.**

O Super Bloom nos ensina que **mesmo nos lugares mais secos e inóspitos há potencial para vida.** Sob a superfície, há sementes adormecidas, esperando pela quantidade certa de chuva para romperem

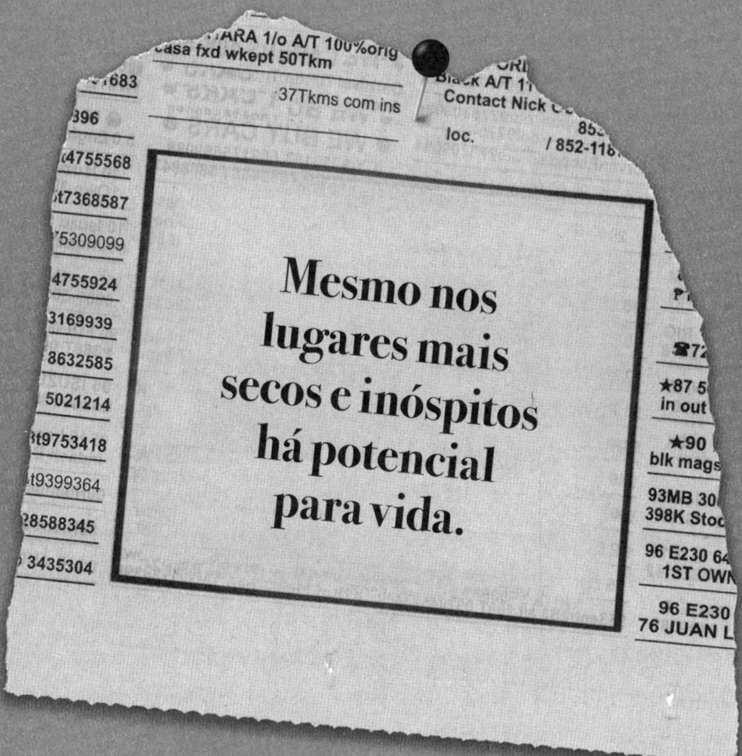
Mesmo nos lugares mais secos e inóspitos há potencial para vida.

e revelarem todo o seu esplendor. Quando isso acontece, é como se o próprio deserto estivesse gritando para o mundo que **Deus pode fazer algo florescer até mesmo no meio da impossibilidade**.

Deus faz florescer o deserto espiritual

Esse fenômeno é um reflexo claro de algo que Deus pode e quer fazer em nossa vida. Às vezes, sentimos que estamos passando por uma estação desértica. **Há áreas que parecem estéreis, secas, mortas, sem vida.** Quem sabe você esteja esperando por anos para ver algo florescer — seja em seu ministério, em seus relacionamentos, em seus sonhos. Existem orações que você fez há tanto tempo que talvez até tenha se esquecido delas. **Há sementes plantadas há mais de dez anos e que, até agora, não deram fruto.** Mas o Espírito Santo está derramando uma chuva sobre você, na intensidade certa para gerar seu florescimento.

Deus sabe exatamente a medida de chuva que você precisa. Ele conhece o que o seu deserto necessita para florescer. Talvez você esteja pensando que já passou muito tempo, que as coisas não podem mais mudar e não há mais esperança. **Mas Deus, o Jardineiro Divino, é quem rega seu deserto.** Ele sabe o tempo certo, a estação exata para que as chuvas de bênçãos possam cair sobre você. E quando elas chegarem, assim como o Super Bloom, **será impossível não notar a transformação**.

O Super Bloom é como um grito silencioso de esperança. **Você pode ter passado anos em um inverno, em um tempo de espera doloroso, mas quando a primavera de Deus chegar, ela explodirá em beleza na sua vida.**

Muitas vezes, passamos por tempos de seca e questionamos se Deus não se esqueceu de nós, se ele realmente cumprirá suas promessas. **Mas o nosso Pai nunca se esquece de suas palavras.** Ele aguarda o momento exato para derramar as chuvas sobre sua vida, porque ele sabe que a semente que está dentro de você não foi feita para permanecer adormecida. **Ela foi feita para florescer.**

Você já parou para pensar em quantas sementes podem estar escondidas em seu coração? **Quantas orações ainda não foram respondidas?** Quantos sonhos você abandonou, achando que já havia passado tempo demais? Mas Deus diz a você hoje: **prepare-se para o Super Bloom!** Prepare-se, porque **ele fará florescer áreas que você já considerava mortas.**

Prepare-se para o seu Super Bloom

Minha pergunta agora é: **você está pronta** para ver florescer aquilo que Deus prometeu há tanto tempo? Está pronta para que os sonhos esquecidos sejam ativados novamente? Está pronta para ver o impossível acontecer?

O Super Bloom não acontece de uma hora para outra. As sementes estavam lá, sob a terra, esperando pacientemente. **Deus tem trabalhado em você.** As promessas dele aguardam o momento certo para se manifestarem. Quando o florescimento vier, será tão evidente que ninguém poderá negar o que o Senhor fez. As pessoas ao seu redor verão as mudanças. Perceberão que Deus esteve preparando você em oculto e que chegou a sua hora de florescer.

Deus está **ativando algo dentro de você agora**. Está derramando uma chuva sobre seu deserto. Você pode até começar a sentir a alegria renovando seu coração, **uma risada que não conseguia dar há anos.** Ou pode começar a sonhar novamente, a se lembrar das promessas que Deus já lhe fez. **Prepare-se, minha linda!** O tempo de florescer é agora. O Super Bloom chegou.

Em Isaías 35.1-2, a Palavra diz: "O deserto e a terra ressequida se regozijarão; o ermo exultará e florescerá como o açafrão; irromperá em flores, mostrará grande regozijo e cantará de alegria. A glória do Líbano lhe será dada, como também o resplendor do Carmelo e de Sarom. Eles verão a glória do SENHOR, o resplendor do nosso Deus".

Você não é o deserto que tem enfrentado. Você é uma semente esperando para florescer no tempo certo. Deus não se esqueceu de você. **Ele está regando sua vida com a chuva que trará o florescimento.** Hoje é o dia em que ele começa a ativar áreas que estavam esquecidas e estéreis. O que estava morto, agora viverá. O que estava seco, florescerá. **O Espírito Santo está soprando vida sobre você.**

Super Bloom. Este é o seu momento. Este é o tempo de ver o milagre do deserto florescer em sua vida. **Deus está derramando a chuva na medida certa para que você veja o florescer mais lindo que já viveu.** O tempo de esperar acabou. **Agora é o tempo de florescer.**

É TEMPO DE FLO RES CER.

Capítulo 9

Tempo da colheita: verão

Minha linda, saiba que a colheita está chegando. O tempo em que tudo o que foi plantado, regado e cultivado finalmente se manifestará. Mas antes de nos deleitarmos na abundância dessa fase, preciso lembrá-la de algo muito importante: a colheita não muda ninguém, ela apenas revela o que já estava no seu coração. E, como Jesus nos explica, é nesse momento que se percebe a diferença entre o joio e o trigo:

> "[...] ao arrancar o joio, vocês poderiam arrancar com ele o trigo. Deixem que cresçam juntos até a colheita. Então, direi aos encarregados da colheita: 'Juntem primeiro o joio e amarrem-no em feixes para ser queimado; depois, juntem o trigo e guardem-no no meu celeiro'". (Mateus 13.29-30)

Ambos crescem juntos, lado a lado, sendo muitas vezes indistinguíveis aos olhos humanos. Porém, na hora da colheita, tudo fica claro. A diferença é revelada pela "postura" de cada um. Enquanto o trigo se curva com o peso de seus grãos, o joio permanece reto e sem fruto. Relacionando-os às pessoas, podemos verificar que algumas frutificam e mesmo assim demonstram humildade, como o trigo; já outras agem de forma orgulhosa, apesar de serem infrutíferas, essas se parecem com o joio. A princípio, as aparências enganam, mas ninguém pode esconder a sua essência para sempre.

Você tem plantado sementes de humildade ou de orgulho? De fé ou de dúvida? A colheita trará à tona aquilo que você semeou, o que foi nutrido em secreto. Portanto, não se preocupe se, por um tempo, as coisas parecerem confusas, se não souber distinguir o que cresce ao seu redor. O próprio Deus fará essa separação no tempo certo. Busque discernimento no Senhor, mas saiba que não compreenderá tudo completamente; a sua responsabilidade é continuar semeando e confiando que ele é fiel para trazer a colheita sobre o que você plantou.

O tempo da colheita traz desafios

O livro de Provérbios diz algo interessante: "Quando não há bois, a manjedoura fica vazia, **mas da força do boi vem grande colheita**" (Provérbios 14.4). Isso significa que quando o tempo da colheita chega, **a abundância vem acompanhada de desafios**. Celeiros cheios significam trabalho árduo, portanto não espere que tudo esteja em perfeita ordem no tempo da colheita. **O fruto da sua semeadura trará movimento, exigirá de você adaptação, organização e força.**

Eu me lembro de quando viemos para as cruzadas no Brasil. Saímos de uma igreja com 300 membros em Miami para participar de cruzadas de milagres em estádios com mais de 22 mil pessoas. Uau! Foi incrível e ao mesmo tempo um choque! Enquanto andávamos de um lado para o outro, de uma cidade para outra, por onde passávamos recebíamos testemunho da época das *lives* realizadas durante a pandemia, em que André orava e muitos eram curados. Deus nos tirou do Brasil por uma estação para nos dar voz no Brasil.

A colheita veio, a abundância chegou, porém com ela vieram desafios que nunca havíamos enfrentado antes. Talvez você esteja esperando a colheita como um tempo de descanso absoluto, mas eu devo lhe dizer: **prepare-se para o trabalho, para os desafios que acompanham a abundância**. Celeiros cheios significam que o ritmo da sua vida mudará, mas também que Deus lhe dará a força necessária para lidar com o novo.

Não se distraia com a multidão

Minha linda, não se acostume com o barulho da multidão. Quando a colheita chega, muitas pessoas podem ser atraídas a você pelos seus frutos. Você se tornará visível, e isso é bom, porque sua colheita será uma bênção para os demais. Porém, em meio à visibilidade, **nunca tire o foco da fonte da sua força**. Não permita que a atenção ou a admiração a desconectem da voz do Pai.

Lembre-se de José. Depois de anos sendo rejeitado, traído e esquecido, ele foi exaltado ao segundo maior posto do Egito. **O favor de Deus estava sobre José**, mas ele nunca perdeu de vista o propósito da sua colheita. Ele sabia que as bênçãos não vinham dele mesmo; o favor de Deus que havia sobre sua vida foi derramado até naqueles que o amaldiçoaram.

No tempo da colheita, não se esqueça de ser uma bênção para aqueles que a feriram, que a magoaram. **A colheita não é só para você**, é para impactar e abençoar vidas ao seu redor — até mesmo aquelas que não acreditavam em sua capacidade. Mas, para que isso seja possível, não desvie seu olhar do Senhor, ele é o foco.

Você, mulher cristã, seja mãe, dona de casa, empreendedora, sabe bem como a rotina pode nos inundar de compromissos e preocupações. No meio de tantas responsabilidades, muitas vezes desviamos a nossa atenção do que realmente importa: o propósito de Deus. O tempo da colheita é repleto de bênçãos, mas exige vigilância.

Por isso, quero tratar sobre nove distrações e como vencer cada uma delas com a graça do Senhor, para que você alcance plenamente tudo o que ele tem para sua vida.

1 *Comparação*

Talvez uma das distrações mais comuns e destrutivas que enfrentamos seja a comparação. Você olha para outras mulheres — talvez empreendedoras bem-sucedidas, mães que parecem perfeitas nas redes sociais, ou até colegas de ministério — e começa a pensar: "Por que não estou onde elas estão? O que há de errado comigo?". Isso drena sua energia, rapta sua alegria e a leva a esquecer que Deus tem um plano específico para você.

A comparação nos faz perder o foco, ela nos rouba do nosso propósito e da nossa real identidade. Em vez de olharmos para o nosso caminho e para o que Deus nos chamou a fazer, tentamos seguir o roteiro de outra pessoa. Mas a verdade é que cada uma de nós está em uma jornada única. Sua colheita será diferente da colheita de outra mulher, porque as sementes que você plantou também são distintas. Não permita que a comparação a distraia. Lembre-se de Gálatas 6.4: "Cada um examine os próprios atos e, então, poderá ter orgulho de si mesmo, sem se comparar com ninguém".

Desafio diário: Pare de seguir aquelas contas nas redes sociais que a levam a se sentir inferior. Dedique alguns minutos do seu dia para refletir e agradecer por quem você é em Cristo e por tudo o que já conquistou.

2 *Procrastinação*

Quantas vezes você já adiou algo importante? Seja aquela ideia de negócio que Deus lhe deu, uma simples tarefa de casa ou até mesmo aquele tempo de oração que foi deixado para mais tarde. A procrastinação é uma distração silenciosa, mas muito poderosa; ela impede você de agir quando Deus a está chamando para se mover.

No tempo da colheita, não há espaço para procrastinação. Deus lhe deu uma missão e exige ação imediata. Provérbios 6.6-8 nos dá o exemplo da formiga, que trabalha diligentemente durante a colheita para garantir seu sustento no futuro. Se você continuar adiando as coisas, pode desperdiçar o tempo dos frutos.

Desafio diário: Escolha pelo menos uma tarefa importante que você tem adiado e se comprometa a fazê-la hoje mesmo. Não importa quão pequena seja, dê um passo. A ação a mantém no caminho certo.

3 *Medo de falhar*

Quantas vezes Deus não chamou você para fazer algo, mas o medo a impediu de ir adiante? Você sente o peso de ser mãe, esposa, empreendedora, líder de ministério, e o medo de não ser boa o suficiente a aprisiona. Muitas vezes, teme não conseguir dar conta de tudo e, por isso, prefere nem tentar algo novo.

Lembre-se de 2Timóteo 1.7: "Pois Deus não nos deu um espírito de covardia, mas de poder, de amor e de domínio próprio". Se foi o Senhor quem chamou você, ele a capacitará. Não permita que o medo a impeça de entrar no tempo de colheita.

Desafio diário: Faça algo que a assusta, mas que você sabe que Deus a está chamando para fazer. Dê esse passo de fé. Confie que ele é com você.

4 *Excesso de preocupação*

Minha linda, quantas noites você já passou sem dormir, preocupada com o futuro? Já ficou ansiosa, pensando no que irá acontecer com seus filhos? Questionando se tem trabalhado como deveria ou se aquele projeto prosperará? Será que o excesso de preocupação não tem roubado sua paz e a distraído da presença de Deus?

Mas Jesus nos ensinou em Mateus 6.34: "Portanto, não se preocupem com o amanhã, pois o amanhã trará as suas próprias

“

QUANDO UMA PESSOA SE MOVE POR COMPARAÇÃO, JÁ SE PERDEU DO SEU PROPÓSITO!

”

preocupações. Bastam a cada dia os seus próprios problemas". A preocupação excessiva impede você de aproveitar da colheita, por isso lembre-se de que Deus está no controle.

Desafio diário: Toda vez que uma preocupação vier à sua mente, pare e ore. Entregue a situação ao Senhor e declare sua confiança nele.

5 *Buscando a aprovação dos outros*

Você já se pegou buscando a aprovação das pessoas ao seu redor? Seja a respeito do seu trabalho, do seu ministério, da maneira de criar seus filhos ou até da sua aparência. O desejo de agradar os outros pode distrair você, afastando-a do propósito de Deus para sua vida.

Paulo nos lembra em Gálatas 1.10 de que não devemos buscar a aprovação dos homens, e sim do nosso Pai. Quando sua colheita começar a florescer, não permita que as opiniões alheias a desviem do propósito. A colheita é entre você e Deus, e partir disso impacta os demais, mas não se trata de atender às expectativas de outras pessoas.

Desafio diário: Antes de buscar a opinião de alguém, pergunte a Deus: "O que o Senhor quer de mim?". Busque primeiro a aprovação dele.

6 *Desorganização*

A falta de organização pode ser uma grande distração. Seja na sua casa, no seu trabalho ou na vida espiritual, quando você vive no caos, fica difícil desfrutar da colheita. Isso, porque a desorganização gera frustração e rouba o tempo que poderia ser usado para focar no que realmente importa.

Provérbios 31.27 diz que a mulher virtuosa "**cuida dos negócios** de sua casa e não come o pão da preguiça". É fato que uma vida organizada nos permite enxergar mais claramente a direção de Deus.

Desafio diário: Organize um aspecto da sua vida hoje — seja sua casa, seja seu trabalho ou seu tempo de oração. A organização é uma ferramenta poderosa para permanecer focada nos propósitos de Deus.

7 *Relacionamentos tóxicos*

Relacionamentos que drenam sua energia emocional e espiritual são uma das distrações perigosas. Talvez você tenha pessoas em sua vida que, em vez de a impulsionarem para o propósito divino, puxam você para baixo. Esses relacionamentos podem levá-la a perder o foco e até a sua força.

1Coríntios 15.33 nos alerta: "As más companhias estragam os bons costumes". Portanto, não tenha medo de limitar a presença e o impacto dessas pessoas em sua vida. A colheita que Deus tem para você pode exigir que se afaste de quem a prejudica.

Desafio diário: Avalie seus relacionamentos. Pergunte-se: "Essa pessoa me aproxima ou me afasta de Deus e do meu propósito?". Tome decisões corajosas sobre quem você permite estar ao seu lado.

8 *Falta de limites*

Como mulheres, muitas vezes sentimos que precisamos dizer "sim" a tudo e a todos. Acontece que a falta de limites pode esgotar suas energias e gerar distrações. Ao se sobrecarregar de compromissos que podem não estar de acordo com os planos divinos, você acaba ficando sem tempo e energia para o que Deus realmente deseja que faça.

Jesus, porém, em várias ocasiões se afastava da multidão para orar. Ele sabia estabelecer limites e entender o tempo certo para descansar e se reconectar com o Pai. Você também precisa aprender a dizer "não" aos outros quando necessário e buscar, em oração, discernimento para quem e para o que dizer "sim".

Desafio diário: Estabeleça um limite saudável hoje. Diga "não" para uma coisa que a sobrecarrega, e "sim" para o descanso e um tempo com Deus.

9 *Falta de oração*

Por último, mas definitivamente não menos importante, a falta de oração é uma das maiores distrações para uma mulher cristã. A oração é o que nos conecta diretamente à fonte de todo poder e sabedoria: Deus. Sem orar, ficamos desorientadas, vulneráveis e sem direção. Podemos estar fisicamente presentes, mas espiritualmente desatentas, e isso nos impede de perceber o que o Senhor está fazendo em nossa vida e discernir sua vontade.

Quando negligenciamos a oração, nós nos distanciamos daquilo que nos dá força. E, como diz Efésios 6.18, precisamos orar em todo o tempo, para que possamos permanecer firmes e sensíveis à voz de Deus. Quando seu relacionamento com o Pai se torna o centro da sua vida, você ganha clareza, foco e direção. Sem oração, a colheita pode se tornar uma distração, mas com ela transforma-se em uma oportunidade de crescimento.

Desafio diário: Estabeleça um momento de oração diário, inegociável, e use esse tempo para alinhar seu coração e sua mente aos propósitos de Deus. Coloque alarme no seu celular para se lembrar desse compromisso, mas não precisa ficar "engessada". Deus a conhece e vê o que ninguém pode ver: seu coração.

Agora que identificamos algumas distrações e como superá-las, quero lembrá-la de algo muito importante: a colheita não é apenas um momento de celebração, ela também traz sustento para as próximas estações. Quando você colhe o fruto daquilo que plantou, não deve apenas desfrutar dele hoje, mas também usá-lo para se alimentar e se fortalecer ao longo das próximas fases da vida.

O tempo de colheita traz sustento para outras estações

Deus usa o tempo de colheita para nos equipar, tanto para os dias bons quanto para os difíceis. Assim como os agricultores fazem estoque durante a colheita para atravessar o inverno, o Senhor nos prepara a fim de que, quando o inverno vier, estejamos firmes, alimentadas e sustentadas pelo que ele nos deu na estação anterior. A colheita não é o fim da jornada, ela traz o sustento necessário para a caminhada que está por vir.

É provável que o inverno volte, que venha um novo tempo de espera, mas o que você colhe hoje será o seu sustento amanhã. Deus a alimenta agora, porque ele conhece o seu caminho e sabe exatamente do que você precisará nas próximas estações. O profeta Jeremias escreveu: "**Bendito é o homem que confia no Senhor**, cuja confiança nele está. Ele será como uma árvore plantada junto às águas e que estende as suas raízes para o ribeiro. Ele não temerá quando chegar o calor, porque as suas folhas estão sempre verdes; não ficará ansiosa no ano da seca e nunca deixará de dar fruto" (Jeremias 17.7-8). Assim também sua colheita será o seu sustento nos tempos mais desafiadores.

Sua colheita gera sombra para outros

Agora, minha linda, entenda isto: **sua colheita não tem a ver apenas com você mesma**. A árvore que você se tornou, com raízes profundas e frutos abundantes, gera sombra e refrigério para os demais. Talvez, durante o seu processo, você não tenha recebido o que esperava de outras pessoas. Pode ser que tenha sido deixada de lado

É TEM
Ao compreender a sua identidade, você floresce no propósito para o qual foi criada. Não existe outra forma de viver plenamente a não ser firmada nas verdades que o Criador diz a seu respeito. Uma identidade bem resolvida é a chave que desbloqueia as portas do nosso destino. Nós, mulheres, somos frequentemente bombardeadas com questionamentos acerca de quem somos, porque temos uma influência direta no que diz respeito a moldar a próxima geração. Desde gerar um filho até lhe ensinar princípios, crenças e valores, temos um papel fundamental. E o fato de estarmos conectadas ou não ao nosso propósito influencia – positiva ou negativamente – nossa casa, assim como toda a sociedade em que nos encontramos. Lisa Bevere disse certa vez: "Você não descobre quem você é na presença das pessoas. Você
Na Palavra, encontramos o precioso exemplo de R não perder tempo com comparações. Apesar de s enfrentava, ela escolheu ficar ao lado de sua sogra, N do uma aliança que mudaria sua vida para sempre. compromisso e resiliência, sua história foi eternizada cendo grandes ensinamentos a quem a ler.
"Deus usa o tempo de colheita para nos equipar, tanto para os dias bons quanto para os difíceis."

em momentos de dor e de luta. Mas agora que desfruta da colheita, **pode se tornar para outros o que desejou ter para você mesma.**

Gere sombra para aqueles que estão passando pelo calor do deserto. **Que sua colheita seja um lugar de refúgio para o próximo.** Assim como uma árvore frondosa dá abrigo aos viajantes cansados, seja você uma fonte de descanso e refrigério para quem se encontra ao seu redor. Que o testemunho da superação de tudo o que você viveu — cada dor, cada lágrima, cada desafio — **sirva para abençoar os outros.** Afinal, o propósito da sua colheita é também transbordar.

Não se distraia na colheita, continue focada no propósito

O tempo da colheita é um tempo de alegria, mas também de propósito. **Não se distraia!** O que Deus lhe deu não é só para ser admirado; é para ser usado para a glória dele. A colheita é um chamado para ação. Quando vemos a história de José, aprendemos que o favor do Senhor não está sobre nós por acaso. **Ele a abençoou para que você derrame bênçãos sobre outros — até sobre aqueles que a feriram.**

A colheita traz grandes responsabilidades. Por isso, pergunto: o que você fará com tudo o que Deus derramou sobre sua vida? Como usará os frutos da sua semeadura? Lembre-se: **o propósito do favor é abençoar, é curar, é restaurar.**

É TEMPO DE FLO RES CER

Capítulo 10

Sua história não acaba aqui

Minha linda, estamos chegando ao fim dessa jornada incrível que percorremos juntas. Ao longo de todas essas páginas, compartilhei algumas das lições mais profundas que Deus plantou em meu coração e sei que, assim como flores em uma primavera, essas palavras também florescerão em sua vida. O livro pode estar acabando, mas sua história com o Pai está apenas começando. Como um grande amigo meu, Tiago Godoi, costuma dizer: **"Não coloque um ponto-final onde o Autor da vida continua escrevendo!"**.

Talvez você tenha enfrentado desertos e invernos rigorosos. Pode ser que tenha passado por temporadas de espera, sem ver nada florescer, com lágrimas e batalhas que a fizeram questionar o propósito do Senhor para sua existência. Mas quero lhe dizer algo muito importante: Deus não terminou com você. Na verdade, ele ainda a levará a viver os capítulos mais lindos da sua jornada.

Pense nisto: **Deus é quem escreve a sua história** e ele não a escreve sem redenção. Cada página que você virou, cada oração que fez, cada lágrima que caiu dos seus olhos, tudo isso está registrado no livro da sua vida, que é lido no Céu. Deus transforma todas essas coisas em uma narrativa gloriosa, que vai além dos seus sonhos mais altos e das suas expectativas mais impossíveis.

Você se lembra de Ester, que, após um longo processo de preparação, foi vestida como rainha e usada por Deus para salvar uma nação? Minha linda, você também foi chamada para vestir as vestes de honra, justiça e propósito que Deus preparou exclusivamente para você. Talvez as circunstâncias a tenham empurrado para situações difíceis, mas saiba que o mesmo Deus que a chamou também a vestirá com glória e a preparará para cada batalha que tiver de enfrentar.

E o que dizer de Rute? Ela enfrentou tempos de dor, incerteza e desafios imensos. Porém havia uma força dentro dela que a capacitou a dizer para Noemi: "[...] Aonde fores, irei; onde repousares, ali repousarei! O teu povo será o meu povo, e **o teu Deus será o meu Deus**!" (Rute 1.16). Assim Rute se entregou ao Deus de Israel, decisão que mudou o rumo de sua vida para sempre. Ela deixou para trás sua terra, suas antigas seguranças e se posicionou ao lado de Noemi diante do Senhor — com coragem e determinação. Então Deus honrou sua lealdade e fé, abrindo portas inimagináveis.

Você já parou para pensar que, como Rute, também pode estar no limiar de uma grande virada? O deserto que atravessou não será o seu fim. O Deus que fez Rute sair do luto e do desespero para se tornar parte da linhagem de Jesus é o **mesmo Deus** que escreveu a sua história. **Ele não mudou e cumprirá tudo o que lhe prometeu!**

Rute trabalhou colhendo espigas como uma estrangeira, mas terminou como dona do campo. Parecia ser alguém invisível, sem valor, porém no fim foi reconhecida como uma mulher honrada por Deus, escolhida para ser parte do plano redentor da humanidade. Se Deus fez isso por ela, também pode fazer por você, minha linda!

Aqui estão algumas afirmações para gravar no seu coração, frases de vitória para declarar em sua vida, com força, convicção e coragem. Afinal, o Deus que levantou Rute e Ester está levantando você agora:

- **Eu sou escolhida, e nada vai me parar!**
- **Deus já está no meu futuro, e eu caminho nessa certeza!**
- **Eu viverei uma colheita abundante!**
- **Eu vencerei todos os gigantes, porque o Senhor é a minha força e a minha fortaleza!**
- **Eu nasci para florescer e frutificar!**

Rute começou sua jornada com nada além de fé no Senhor e coragem de continuar caminhando. Você também tem tudo de que precisa, tem um Deus que está ao seu lado e já escreveu o fim vitorioso da sua história. **Nada pode parar quem caminha com o Deus vivo!**

Levante-se agora e declare com fé: "**O tempo de humilhação acabou, este é o tempo de desfrutar das bênçãos de Deus!** Assim como Rute, serei reconhecida, abençoada e levada a um novo nível!".

Que essa seja uma marca em sua vida: você pode ter começado a jornada em lágrimas, mas terminará em risos e vitória. Deus a fez para vencer, para florescer em cada área da vida. Assim como Rute, você será honrada por sua coragem e por sua fé. Você foi chamada para a colheita, para a vitória, para o propósito divino! Este é o momento de agir, de levantar a cabeça e seguir em frente. Deus já está no controle da sua vida e preparou cada milagre que você viverá.

Você não é definida pelo que passou, pelo que perdeu ou pelas lutas que enfrentou. A sua identidade é firmada no que Deus a chamou para ser. Você é filha, escolhida, amada, e ele a está conduzindo

“
QUEM SUPORTA
O PROCESSO
DESFRUTA DA
PROMESSA!
”

para algo muito maior do que pode imaginar. Quero que se levante hoje mesmo e comece a caminhar na direção dos sonhos que ele tem para você.

Jesus está presente em cada detalhe da sua vida. Ele não é apenas um Salvador distante, que observa de longe e não se move. Não! **Ele caminha ao seu lado**, atravessando os vales mais sombrios e escalando as montanhas mais íngremes com você. Assim como ele esteve comigo, tanto nos momentos mais difíceis da minha vida quanto nos mais felizes, ele está com você agora, neste exato momento.

Lembro-me claramente de um vale profundo pelo qual passei, quando, grávida da minha filha Cecília, enfrentei a bipolaridade gestacional. Os dias eram escuros, minha mente parecia um campo de batalha e as emoções oscilavam entre os extremos de forma exaustiva. Naquela fase, **parecia que não haveria um fim para a minha dor**. Eu tinha insônia, e muitas preocupações percorriam minha mente, além de pensamentos que pareciam incontroláveis. **Mas Jesus estava lá.** Em meio ao caos interno, ele se fez presente, mostrando que é o meu porto seguro, quem me ajuda a enfrentar cada tempestade, cada tremor.

O tempo em que lidei com essa questão foi um dos períodos mais desafiadores da minha vida, mas **foi também o momento em que mais senti a presença de Jesus me sustentar**. Quando eu não conseguia mais andar, ele caminhou por mim. Quando minha mente parecia um mar revolto, ele se tornou a âncora que me manteve firme. Eu aprendi que, mesmo no meio das maiores tempestades, **Jesus está no barco comigo**, e nenhuma onda, por maior que seja, poderá nos afundar.

Para além das dificuldades emocionais com que precisei lidar, enfrentamos uma crise financeira. Estávamos prestes a fechar uma de nossas empresas e chegamos a carecer de ajuda para fazer compras básicas de casa. Naquele momento, precisávamos de alguém que acreditasse em nós e nos levantasse; Deus se fez fortemente presente e ainda colocou pessoas especiais para nos amparar. No fim, a tempestade foi embora. Se eu estou aqui de pé, é porque o Senhor me curou de uma bipolaridade gestacional e cuidou de tudo o que era necessário para minha família. Os psiquiatras diziam para o André que não tinha cura para essa doença, eles me passavam diagnósticos pesados. Porém, quando a Cecília nasceu, eu a peguei no colo e naquele dia fui curada!

Havia uma grande batalha dentro de mim, eu sentia vergonha das coisas que eu dizia sem pensar e nem me lembrava depois. Quem já lidou com questões emocionais sabe como a vergonha de mencionar o assunto é tentadora, mas estou compartilhando isso com você, porque pode ser que esteja enfrentando alguma situação difícil e já se encontre sem esperança, perguntando "Onde está o meu milagre?". Com meu testemunho, quero que entenda isto: o milagre é você! O milagre está sendo gerado dentro de você.

Enquanto eu gerava a Cecília, eu era o próprio milagre vivo, porque Deus tinha grandes sonhos para realizar em minha vida. A minha história não teve um ponto-final com aquela enfermidade. O Senhor continuou agindo e fez infinitamente mais do que eu podia imaginar.

Uma vez, André foi pregar em São Paulo e, ao voltar, contou sobre um casal de líderes de jovens. A mãe da moça também enfrentava a bipolaridade gestacional e precisava de cura. Quando soube disso, houve uma explosão dentro de mim. Eu ainda não tinha parado para celebrar o meu milagre, mas naquele momento comecei a agradecer a Deus e parei de questioná-lo sobre o porquê de tudo aquilo ter acontecimento comigo. Não me importava mais com a vergonha que passei, ele havia me coberto com dupla honra, e eu queria ser usada por ele para levar cura. Naquele instante, vi que minha dor tinha se tornado meu maior testemunho. E declaro que a sua dor se tornará o seu maior testemunho também.

Outro caso se deu em Miami, quando um rapaz chegou à igreja com sua esposa grávida pedindo por uma oração. Ela também enfrentava uma bipolaridade gestacional, e Jesus, por meio da nossa oração, a curou. Cristo muda histórias. Não importa a sua dificuldade, nem o tamanho do seu problema, Deus é poderoso. Se sua realidade não se parece com aquilo que ele lhe prometeu, é porque sua história ainda não acabou.

Somos prova disso, pois muitas vezes o cenário que víamos era bem desafiador. Certa vez, André recebeu uma promessa em Israel de que teríamos mais filhos, e confesso que tive medo de tudo aquilo se repetir. Mas Deus me curou e em 2020 fiquei grávida do Benício. Nessa gestação, passamos pelo *lockdown* da pandemia, passamos um tempo com a igreja fechada etc., porém o Senhor nos sustentou e nada faltou. Moramos por um mês em uma casa emprestada, porque fomos despejados do nosso apartamento mesmo pagando aluguel, só que o Pai mudou a nossa história.

Passei toda a gestação em paz, tendo apenas enjoo e cansaço, mas nenhum problema emocional. No meio de uma das maiores crises globais, Deus me mostrou mais uma vez que aquele que operou no passado é fiel para completar sua obra hoje. Isso é milagre, e milagre só acontece para quem acredita, para os que colocam a confiança no Senhor. O mesmo milagre que me sustentou durante minha primeira gestação me sustentou na segunda. Sei que Deus não desistiu de mim, ele lutou por mim. Da mesma forma, **Jesus está na sua história**.

É possível que você esteja passando por um vale de dor agora. Por um diagnóstico inesperado, uma crise familiar ou talvez carregue sozinha o peso de um trauma do passado. Pode ser que, como eu, enfrente desafios internos, batalhas emocionais que parecem impossíveis de vencer. Mas eu quero lhe dizer: Jesus está atravessando esse vale com você! Ele não a abandonou, e o que parece ser o fim é apenas o começo de um grande milagre.

Jesus nos ajuda a percorrer cada fase dolorosa com uma visão autêntica e criativa. Ele não deixa você enfrentar os dias de trevas sozinha. Cristo é a luz no seu caminho, a bússola em meio ao caos e a ajudará a passar por essa dor com uma força que você nem sabia que tinha. O que você vê como desespero e escuridão é o terreno em que Deus está prestes a ressuscitar algo novo e poderoso.

Pense em Marta e Maria, que perderam o irmão, Lázaro. Elas estavam diante da morte, diante de algo que parecia absolutamente definitivo. Jamais podiam imaginar o que Jesus faria em seguida. Ele chegou quatro dias depois da morte de Lázaro e, com uma palavra, trouxe de volta a vida que parecia estar totalmente perdida. Cristo trouxe ressurreição.

Essa é a essência do Evangelho. Jesus é especialista em ressuscitar, sejam sonhos, corações ou esperanças que se encontravam mortas. Assim como fez com Lázaro, o Senhor pode trazer de volta à vida o que parece ter sido enterrado em você. Jesus é aquele que faz o impossível acontecer. Você não está sozinha nessa jornada, pois ele é com você. Ele não apenas conhece o caminho, ele é o Caminho. Ele sabe como a conduzir pelos dias mais sombrios, como trazer paz para sua mente turbulenta e renovar a força em seu interior. O que você está enfrentando não é o fim.

Houve momentos em que eu achava que não conseguiria levantar da cama. Nesses dias, Jesus sussurrava ao meu coração: "Eu estou aqui. Você não está sozinha". Não se esqueça de que ele está aí com você agora mesmo. Quando a dor parece insuportável, ele a carrega nos braços. O vale que você está atravessando é apenas um cenário

"O tempo de humilhação acabou, este é o tempo de desfrutar das bênçãos de Deus!"
Ao compreender a sua identidade, você floresce no propósito para o qual foi criada. Não existe outra forma de viver plenamente a não ser firmada nas verdades que o Criador diz a seu respeito. Uma identidade bem resolvida é a chave que desbloqueia as portas do nosso destino. Nós, mulheres, somos frequentemente bombardeadas com questionamentos acerca de quem somos, porque temos uma influência direta no que diz respeito a moldar a próxima geração. Desde gerar um filho até lhe ensinar princípios, crenças e valores, temos um papel fundamental. E o fato de estarmos conectadas ou não ao nosso propósito influencia – positiva ou negativamente – nossa casa, assim como toda a sociedade em que nos encontramos. Lisa Bevere disse certa vez: "Você não descobre quem você é na presença das pessoas. Você
Sua trajetória se passa durante o período dos Juízes, grande tumulto e instabilidade em Israel. Não havia um rei na nação e "cada um fazia o que era certo aos seus próprios olhos"
Isto é, faltava uma liderança central e um senso alinhado de moralidade. Nesse cenário, a fidelidade de Rute contrasta fortemente com o clima geral de desordem daquele tempo. Ela poderia ter seguido Orfa, a outra nora de Noemi, e voltado para sua família de origem, mas decidiu construir uma nova história com Deus, pois entendeu que:

temporário. A história que Deus escreveu para sua vida é maior, mais profunda e vai além do que seus olhos conseguem ver agora. Ele é o Deus que ressuscita, que transforma dor em propósito e nunca perde uma batalha. Ele não perdeu a sua!

Jesus não apenas cura, ele transforma. Cristo é o nosso Salvador e Redentor, quem nos renova por completo. Ele está fazendo algo novo em você. E eu sinto que este livro foi uma jornada de preparação para esse momento. As páginas que você leu até agora são como as sementes plantadas no solo de sua alma, e este é o seu momento de florescer. É a hora de viver o que Jesus preparou para você, de dizer "sim" ao impossível.

Maria: a mulher que disse "sim" ao impossível

É muito provável que você já tenha ouvido a história de quando o anjo Gabriel apareceu a Maria com uma mensagem que mudaria sua vida para sempre. Ela parecia ser apenas uma jovem simples de Nazaré, mas seria a **mãe do Salvador da humanidade**. Sendo virgem, teria um filho concebido pelo Espírito Santo, fato que, para qualquer pessoa, pareceria completamente impossível. Como poderia uma jovem virgem dar à luz? O que as pessoas pensariam? O que José, seu noivo, faria?

Essa situação seria complicada para muitos, mas **Maria não olhou para as circunstâncias ao seu redor**, e sim para o Deus que é poderoso para cumprir as promessas que faz. Sua resposta simples e cheia de fé mostrou um coração disposto a obedecer à vontade do Pai a qualquer custo: "[...] — **Sou serva do Senhor; que aconteça comigo conforme a tua palavra** [...]" (Lucas 1.38).

Com esse "sim", Maria entrou para a história como a mulher que carregou o Filho de Deus em seu ventre. Ela aceitou o impossível e permitiu que o Senhor cumprisse seu propósito na vida dela. E ele também convida você para dar um "sim" radical. Um "sim" que desafia a lógica, que parece impossível. Porém, se, assim como Maria, **você confiar, Deus realizará o impossível em você e através de você.**

Minha linda, não olhe para trás. Não importa o que aconteceu antes, e sim o que você fará a partir de hoje. Vista suas roupas de louvor, fé e coragem! Você está prestes a entrar na sua estação de florescimento. O inverno já passou, e agora, com cada página que você preencher com o Autor da História, registrará o poder de Deus sendo manifestado em sua vida.

O Senhor está lhe dizendo: para cada lágrima existe um tempo de colheita. Para cada choro que você derramou, uma canção de alegria será cantada. Como está escrito em Salmos 126.5-6: "Aqueles que semeiam com lágrimas colherão com cânticos de alegria. **Aquele que sai chorando, enquanto lança a semente, voltará com cantos de alegria, trazendo os seus feixes"**.

Essa é a sua promessa! Talvez você tenha semeado com dor, lançado sementes em um terreno seco e chegou a se perguntar se veria algum fruto. Mas a Palavra de Deus é clara: você voltará com os feixes em suas mãos. O tempo da recompensa está chegando! Para cada levante há um romper. Cada obstáculo, impedimento ou muralha que se levantou contra você está prestes a cair por terra. A vitória é sua, porque o Senhor dos Exércitos luta em seu favor. Não importa quão grande seja o gigante, você está prestes a derrubá-lo com as armas espirituais que Deus lhe deu.

E sabe a vergonha? No lugar dela, você receberá dupla honra (cf. Isaías 61.7). Talvez você tenha sido humilhada, ferida, desacreditada por aqueles que não conseguiram enxergar o que Deus realizava em sua vida. Mas agora é o tempo em que ele a está levando a um novo nível de autoridade, força e propósito. Ele troca suas vestes de vergonha por vestes de louvor e glória.

Agora, minha linda, eu pergunto: quais armas você está usando nessa batalha? Porque o tempo de colheita também é tempo de batalha espiritual. O Inimigo tentará distraí-la e fazê-la retroceder, mas você foi chamada para vencer. E sendo uma mulher sábia, deve saber quais armas usar. Lembre-se do que diz Provérbios 14.1: **"A mulher sábia edifica a sua casa, mas a insensata a derruba com as próprias mãos"**.

Quais são as armas da mulher sábia? Elas não são carnais, nem baseadas nas circunstâncias, elas são espirituais, poderosas em Deus para demolir fortalezas. Você tem as armas da oração, da Palavra, da fé e da confiança inabalável no Senhor. Quando você levanta essas armas, torna-se apta para edificar sua casa, seu ministério, sua vida, sua família. Você está construindo algo que o Inimigo jamais poderá destruir.

A mulher sábia edifica com cada palavra de fé que ela profere, com cada oração que ela direciona ao Céu. Ela não permite que o Inimigo roube suas promessas, porque sabe que o seu Deus é fiel. E você, minha linda, é essa mulher sábia. Deus lhe deu armas para vencer, para edificar, para construir algo sólido e duradouro que resistirá às tempestades da vida.

Agora, pegue as armas que Deus colocou nas suas mãos. Não olhe para as circunstâncias ou para as batalhas que você já enfrentou. Olhe para o que está diante de você: uma colheita abundante, cheia de promessas e de alegria! Lembre-se: cada semente que plantou com lágrimas será colhida com cantos de alegria. Você trará seus feixes nas mãos, e sua vida será um testemunho do poder de Deus.

A sua história...

Finalmente, é hora de colocar a sua fé em ação. Este não é apenas o fim de um livro, é o começo de uma nova fase da sua vida. Há páginas em branco esperando para serem escritas com os testemunhos dos milagres que Deus realizará em sua jornada. O autor e consumador da nossa fé já escreveu uma história de amor, superação, vitória e, acima de tudo, de transformação divina. Cabe a você reconhecer o que ele tem feito, exaltá-lo por quem ele é e por tudo o que tem feito. Ele é digno de toda honra e glória.

Sendo assim, eu encorajo você a pegar uma caneta e começar a escrever, registre a incrível aventura que tem vivido com o Senhor. As páginas em branco que deixei para você são o convite de Deus para se lembrar do que ele realizará. Também são novas oportunidades para você registrar as promessas que ele cumprirá, os milagres que ele fará e as lições que lhe ensinará.

Prepare-se para ser surpreendida com a grandeza do que está por vir! O que você está esperando? Levante-se! Há páginas em branco prontas para receber o testemunho da sua vitória, pois Cristo é quem a fortalece. **Não tenha dúvida: você foi chamada para vencer!**

Esta obra foi composta em *Averia Serif Libre*
e impressa por Gráfica Coan sobre papel
Offset 90 g/m² para Editora Vida.

É TEMPO DE FLORESCER

Agora, pense em você. Se é mãe, imagine ter de oferecer seu filho como sacrifício. Como isso mexeria com o seu coração? Eu mesma, sendo mãe de três filhos, mal consigo imaginar essa possibilidade. Dói só de pensar! Mas Abraão fez isso porque conhecia profundamente o Deus a quem servia. Ele estava confiante na fidelidade do Senhor, e que a vontade dele era superior a qualquer coisa. Abraão foi conduzido pela fé, uma fé firmada em intimidade com o Pai. A verdade é que quanto mais conhecemos a Deus, mais prontas estamos para entregar.

Abraão sabia que não estava entregando seu filho para a morte, mas entregando-o para Deus, que tem o controle de tudo. E foi exatamente por isso que ele não hesitou em obedecê-lo. Ele sabia que sua confiança estava no Deus da promessa, não na promessa em si; a promessa não ocupava o trono de seu coração, o qual pertence só ao Senhor.

Aqui está uma verdade transformadora: **você pode ter tudo aquilo que não tem o seu coração**. Não há problema em ter coisas, sonhos, ou mesmo promessas, a questão é quando essas coisas ocupam o lugar de Deus. Quando algo, ou alguém, assume o trono do qual só Deus é digno, tornamo-nos escravas disso.

Mas, quando nosso coração é totalmente dele, podemos desfrutar das bênçãos sem nos perder. Como filhas de Deus, nascemos para adorá-lo. Acontece que, desde o início dos tempos, vemos como ídolos se levantam para tentar roubar nosso foco e nossa adoração. Isso acontecia desde os tempos mais antigos, em que estátuas de deuses pagãos eram construídas, e continua até hoje em nosso meio, com uma aparência diferente. Sejam bens materiais, conquistas pessoais, relacionamentos ou sonhos, qualquer coisa pode se tornar um ídolo se não soubermos entregar o que quer que seja a Deus.

Eu mesma já passei por várias situações em que tive de aprender a não me apegar. Desde que me casei com o André, já nos mudamos 15 vezes. Parece loucura, mas essa constante mudança me ensinou a não viver apegada às coisas materiais. Não havia tempo para criar raízes em bens ou lugares, pois a cada nova mudança Deus nos conduzia a algo maior. Porém confesso que nossa última mudança foi a mais difícil.

André e eu estávamos morando nos Estados Unidos há quatro anos, plantando uma igreja imigrante em Miami. Foram anos de muitos desafios, em que estive longe da minha família de origem, enfrentando as dificuldades de adaptação em um novo país, com a barreira da língua e com o processo de imigração em andamento. Durante esse tempo, passamos pela pandemia, e eu engravidei duas vezes. Foi um período intenso, e a única certeza que tínhamos era que Deus estava no controle de todas as coisas.

Durante a pandemia, enquanto eu estava grávida do Benício, iniciamos um propósito de 21 dias de jejum e oração com o pessoal da nossa igreja. Como não podíamos nos reunir presencialmente, decidimos fazer lives todas as noites. André transformou um quarto do nosso apartamento em um estúdio, e todas as noites orávamos ao vivo. O que era apenas para nossa comunidade local rapidamente se expandiu, e pessoas de todo o mundo começaram a se conectar conosco.

Testemunhos de cura começaram a surgir. Pessoas foram saradas enquanto André orava ao vivo. Lembro-me de uma mãe que nos enviou uma mensagem dizendo que seu filho, que havia nascido sem poder andar, [illegible] chão e começou a [illegible]

Breaking News

É TEMPO DE FLORESCER

Agora, pense em você. Se é mãe, imagine ter de oferecer seu filho como sacrifício. Como isso mexeria com o seu coração? Eu mesma, sendo mãe de três filhos, mal consigo imaginar essa possibilidade. Dói só de pensar! Mas Abraão fez isso porque conhecia profundamente o Deus a quem servia. Ele estava confiante na fidelidade do Senhor, e que a vontade dele era superior a qualquer coisa. Abraão foi conduzido pela fé, uma fé firmada em intimidade com o Pai. A verdade é que quanto mais conhecemos a Deus, mais prontas estamos para entregar.

Abraão sabia que não estava entregando seu filho para a morte, mas entregando-o para Deus, que tem o controle de tudo. E foi exatamente por isso que ele não hesitou em obedecê-lo. Ele sabia que sua confiança estava no Deus da promessa, não na promessa em si; a promessa não ocupava o trono de seu coração, o qual pertence só ao Senhor.

Aqui está uma verdade transformadora: **você pode ter tudo aquilo que não tem o seu coração**. Não há problema em ter coisas, sonhos, ou mesmo promessas, a questão é quando essas coisas ocupam o lugar de Deus. Quando algo, ou alguém, assume o trono do qual só Deus é digno, tornamo-nos escravas disso.

Mas, quando nosso coração é totalmente dele, podemos desfrutar das bênçãos sem nos perder. Como filhas de Deus, nascemos para adorá-lo. Acontece que, desde o início dos tempos, vemos como ídolos se levantam para tentar roubar nosso foco e nossa adoração. Isso acontecia desde os tempos mais antigos, em que estátuas de deuses pagãos eram construídas, e continua até hoje em nosso meio, com uma aparência diferente. Sejam bens materiais, conquistas pessoais, relacionamentos ou sonhos, qualquer coisa pode se tornar um ídolo se não soubermos entregar o que quer que seja a Deus.

Eu mesma já passei por várias situações em que tive de aprender a não me apegar. Desde que me casei com o André, já nos mudamos 15 vezes. Parece loucura, mas essa constante mudança me ensinou a não viver apegada às coisas materiais. Não havia tempo para criar raízes em bens ou lugares, pois a cada nova mudança Deus nos conduzia a algo maior. Porém confesso que nossa última mudança foi a mais difícil.

...amos morando há quatro anos, ...ja imigrante em ...s de muitos desafios, ...e da minha família ...tando as dificuldades um novo país, com a ...a e com o processo de ...damento. Durante esse ...s pela pandemia, e eu ...s vezes. Foi um período ...ica certeza que tínhamos ...estava no controle de ...s.

...pandemia, enquanto eu ...da do Benício, iniciamos ...to de 21 dias de jejum e ...o pessoal da nossa igreja. ...o podíamos nos reunir ...mente, decidimos fazer lives ...oites. André transformou ...o do nosso apartamento em ...dio, e todas as noites orávamos ... O que era apenas para nossa ...dade local rapidamente se ...essoas de todo o mundo ...conosco.